新潟交通グループの車両たち

text&photo ■ 編集部（2019年11月1日現在）

H1279（いすゞ2PG-LV290Q3）
一般路線バスは伝統の銀に青帯
塗装。90年に帯上を赤にしたの
ち、屋根を赤く塗る現行色に。
（写真1）

新潟交通グループの車両の概要

新潟交通とグループ2社を合わせた2019年11月1日現在の保有車両数は乗合656台（高速車54台含む）、貸切100台で、計756台となっている。メーカー別に見ると、三菱ふそう328台、いすゞ286台、日産ディーゼル・UDトラックス120台、日野18台、スカニア4台の順で、UDトラックスがバス事業から撤退した11年以降は、いすゞ車と三菱車を中心に増備を続けている。

●一般路線バス

新潟交通の一般路線車は大型が主力で、従来から新潟の市街地路線に短尺仕様、郊外路線に長尺仕様を投入してきた。97年までは前後引戸だったが、同年式の一部に前中引戸を採用。99年には段差の小さいツーステップの楽々ステップバス、00年からワンステップバスを導入している。99年には初めてノンステップバスを採用。07年から本

003（スカニア連節バス）
15年に導入された連節バスは、BRTのシンボルカラーの赤を基調にしたオリジナルデザイン。（2）

H880（いすゞQKG-LV234N3）
16年にはエルガ1台にラッピングを施し、新潟交通の「かぼちゃ電車」のカラーを復刻した。（3）

H437（三菱PKG-AA274PAN）
07年に新潟市がオムニバスタウンに指定され、南部営業所の計21台が基幹バスカラーで登場。（4）

格的に増備を開始している。また14年式からはすべてAT仕様となっている。

狭隘路線・コミュニティ系路線には90年代まで三菱エアロミディを投入。現在は日野ポンチョが主力となった。

新潟市郊外と郡部の路線を担当する新潟交通観光バス、佐渡の島内路線を担当する新潟交通佐渡では従来、新潟交通の経年大型車が移籍して活躍。閑散路線用に新製された三菱エアロミデ

ィも数多く使用されてきた。しかし近年はグループ以外からの中古購入が行われるようになり、新潟交通観光バスでは大型車、新潟交通佐渡では中型車を中心に、その数を増やしつつある。

●高速車

高速車は路線により仕様が異なる。大阪線・名古屋線と仙台線の夜行便・一部昼行便には中央トイレつきで3列シートのいすゞガーラ・三菱エアロエ

H1245（三菱2TG-MS06GP）
高速バスは貸切バスと同じデザインだが、トイレつき車両には赤いラインが追加されている。（5）

H559（いすゞPKG-RU1ESAJ）
高速バスのデザインをオレンジ色に変え、飛行機をあしらったリムジンバス。6台在籍する。（6）

ースを使用。東京線には後部トイレつきで3列シートのエアロエースが運用されている。仙台線の昼行便と山形線・郡山線・長野線・富山線・金沢線には後部トイレつきで4列シートのガーラ・エアロエースを使用。高田線・長岡線には折戸仕様・トイレなしで4列シートのガーラが運用されている。

新潟空港リムジンバスも高速タイプで運行。トイレなしで52人乗りのガーラ・エアロエースである。高速バス東三条線・燕線と急行バス白根線・水原線は新潟交通観光バスが担当。新潟交通から移籍した折戸仕様・トイレなしで4列シートのガーラ・日産ディーゼルスペースアローが使用されている。

●貸切車

新潟交通観光バスの貸切バスは大型車が中心。55人乗りのガーラ・エアロエースがほとんどを占めるが、50・52

新潟交通グループの車両たち

H1168（いすゞ2RG-RU1ESDJ）
アイボリーホワイトにグリーンで"N"を描いた貸切バスカラー。79年から採用されている。
（7）

H850（三菱QRG-MS96VP）
プロサッカーチーム「アルビレックス新潟」の選手輸送バス。一般貸切バスにも使用される。
（8）

人乗りのエアロクィーンⅡも活躍を続けている。また少数ながら9mタイプのガーラ・エアロエースも在籍する。

　新潟交通佐渡の貸切バスはすべて三菱製。エアロクィーン・エアロバス・エアロミディが揃っており、新潟交通観光バスからの移籍車とグループ以外からの中古購入車が混在している。

　新潟交通の貸切バスは各営業所に1台を配置。経年の貸切タイプと高速タイプで、すべて三菱製となっている。

●社番解説

　新潟交通グループの社番は登録番号を使用している。全車両が新潟ナンバーではあるが、大中型車と小型車、22ナンバーと200ナンバーなどで重複しないよう、頭にアルファベット（大型22ナンバー：G、大型200ナンバー：Hなど）を冠している。なお、00年式から社番の車体表記が省略されている。

G1512（いすゞKC-LR333J） （9）

G1579（いすゞKC-LR333J） （10）

H194（いすゞKK-LR233J1） （11）

G1423（いすゞU-LV324K） （12）

G1352（いすゞU-LV324N） （13）

H31（いすゞKC-LV380L） （14）

H97（いすゞKC-LV380L） （15）

G1500（いすゞKC-LV380Q） （16）

H24（いすゞKC-LV380Q）　　　　　　　(17)

H91（いすゞKC-LV380Q）　　　　　　　(18)

H1106（いすゞKL-LV280L1）　　　　　　(19)

H175（いすゞKL-LV280L1）　　　　　　(20)

H215（いすゞKL-LV280L1）　　　　　　(21)

H935（いすゞKL-LV280L1）　　　　　　(22)

H944（いすゞKL-LV280L1）　　　　　　(23)

H286（いすゞKL-LV280L1）　　　　　　(24)

H131（いすゞKL-LV280Q1）　　　　　(25)

H1017（いすゞKL-LV280Q1）　　　　　(26)

H330（いすゞKL-LV280Q1）　　　　　(27)

H381（いすゞPJ-LV234L1）　　　　　(28)

H452（いすゞPKG-LV234N2）　　　　　(29)

H661（いすゞLKG-LV234N3）　　　　　(30)

H759（いすゞQPG-LV234N3）　　　　　(31)

H1050（いすゞQPG-LV290Q1）　　　　　(32)

H1117 （いすゞ2DG-LV290N2） (33)

H1123 （いすゞ2PG-LV290Q2） (34)

H1283 （いすゞ2PG-LV290N3） (35)

H267 （いすゞKL-LV780H2） (36)

H260 （いすゞKL-LV781R2） (37)

H360 （いすゞADG-RU1ESAJ） (38)

H420 （いすゞBDG-RU8JHAJ） (39)

H413 （いすゞPKG-RU1ESAJ） (40)

H485（いすゞPKG-RU1ESAJ） (41)

H740（いすゞQPG-RU1ESBJ） (42)

H783（いすゞQPG-RU1ESBJ） (43)

H854（いすゞQPG-RU1ESBJ） (44)

H919（いすゞQTG-RU1ASCJ） (45)

H906（いすゞQRG-RU1ESBJ） (46)

H939（いすゞQRG-RU1ESBJ） (47)

H996（いすゞQRG-RU1ESBJ） (48)

H1241（いすゞ2DG-RU2AHDJ）　　　　（49）

H1166（いすゞ2TG-RU1ASDJ）　　　　（50）

H1165（いすゞ2TG-RU1ESDJ）　　　　（51）

G1311（日デU-RM210ESN）　　　　（52）

G1603（日デKC-RN210CSN）　　　　（53）

G1477（日デKC-RM211GSN）　　　　（54）

H1155（日デKC-RM211GSN）　　　　（55）

H1217（日デKC-RM211GSN）　　　　（56）

H914 （日デKC-RM211GSN） (57)

H1001 （日デKC-RM211GSN） (58)

H14 （日デKC-JP250NTN） (59)

H1122 （日デKK-RM252GAN） (60)

H1263 （日デKK-RM252GAN） (61)

H946 （日デKK-RM252GAN） (62)

H1058 （日デKK-RM252GAN） (63)

G1372 （日デU-UA440HSN） (64)

G1568 （日デ KC-UA460HSN）　　　(65)

H189 （日デ KL-UA452KAN）　　　(66)

H815 （日デ KL-UA452KAN）　　　(67)

H874 （日デ KL-UA452KAN）　　　(68)

H299 （日デ KL-UA452KAN）　　　(69)

H1141 （日デ KL-UA452KAN）　　　(70)

H1012 （日デ KL-UA452MAN）　　　(71)

H1198 （日デ KL-UA452MAN）　　　(72)

H338 （日デKL-UA452PAN） (73)

H392 （日デPKG-RA274KAN） (74)

H444 （日デPKG-RA274PAN） (75)

H671 （UD LKG-AP37FM） (76)

H60 （日デKC-RA531RBN） (77)

H161 （日デKL-RA552RBN） (78)

H513 （日野BDG-RX6JFBA） (79)

H653 （日野BDG-HX6JLAE） (80)

H840（日野SKG-HX9JLBE）　　　(81)

H1066（日野SDG-HX9JLBE）　　(82)

H1225（日野2DG-HX9JLCE）　　(83)

H1268（日野2DG-HX9JLCE）　　(84)

H318（日野U-RJ3HJAA）　　　(85)

F239（三菱TPG-BE640G）　　　(86)

F219（三菱TPG-BE640J）　　　(87)

H409（三菱PA-ME17DF）　　　(88)

14

G1312（三菱U-MJ217F） (89)

G1323（三菱U-MJ217F） (90)

A179（三菱U-MJ217F） (91)

A186（三菱U-MJ628F） (92)

H1183（三菱U-MJ628F） (93)

H327（三菱U-MK618J） (94)

G1334（三菱U-MK626J） (95)

A201（三菱KC-MJ218F） (96)

G1585（三菱KC-MJ218F） (97)

H41（三菱KC-MJ218F） (98)

A191（三菱KC-MJ629F） (99)

H1004（三菱KC-MK219J） (100)

H770（三菱KC-MK219J） (101)

H371（三菱KC-MK619J） (102)

H1227（三菱KK-MJ26HF） (103)

F84（三菱KK-MJ26HF） (104)

H269（三菱KK-MJ27HF） (105)

H586（三菱KK-MJ27HF） (106)

H730（三菱KK-MK23HJ） (107)

H1121（三菱KK-MK25HJ） (108)

H1139（三菱KK-MK23HH） (109)

H796（三菱KK-MK23HH） (110)

H841（三菱TKG-MK27FH） (111)

G1201（三菱U-MP218P） (112)

G1437（三菱U-MP218P）　　　　　　　（113）

H861（三菱KC-MP217M）　　　　　　　（114）

G1490（三菱KC-MP217P）　　　　　　　（115）

H100（三菱KC-MP317K）　　　　　　　（116）

H1188（三菱KC-MP747K）　　　　　　　（117）

H985（三菱KC-MP747M）　　　　　　　（118）

H866（三菱KL-MP33JM）　　　　　　　（119）

H220（三菱KL-MP35JK）　　　　　　　（120）

H1177（三菱KL-MP35JM）　　　　　　　　(121)

H1200（三菱KL-MP35JM）　　　　　　　　(122)

H1003（三菱KL-MP37JM）　　　　　　　　(123)

H1193（三菱KL-MP37JM）　　　　　　　　(124)

H389（三菱PJ-MP35JK）　　　　　　　　(125)

H1259（三菱PJ-MP35JM）　　　　　　　　(126)

H700（三菱LKG-MP37FM）　　　　　　　　(127)

H886（三菱QKG-MP38FM）　　　　　　　　(128)

H1138 （三菱2KG-MP38FM） (129)

H1099 （三菱KC-MS829P） (130)

G1522 （三菱KC-MS822P） (131)

G1534 （三菱KC-MS822P） (132)

H166 （三菱KK-MM86FH） (133)

H1108 （三菱KK-MM86FH） (134)

H915 （三菱KL-MS86MM） (135)

H858 （三菱KL-MS86MP） (136)

20

H1100（三菱KL-MS86MP） (137)

H1154（三菱KL-MS86MP） (138)

H315（三菱KL-MS86MP） (139)

H1084（三菱KL-MS86MP） (140)

H1218（三菱KL-MS86MP） (141)

H363（三菱PJ-MS86JP） (142)

H419（三菱PJ-MS86JP） (143)

H482（三菱BKG-MS96JP） (144)

H558（三菱BKG-MS96JP）　　　　　　　(145)

H569（三菱BKG-MS96JP）　　　　　　　(146)

H575（三菱BKG-MS96JP）　　　　　　　(147)

H576（三菱BKG-MS96JP）　　　　　　　(148)

H652（三菱LKG-MS96VP）　　　　　　　(149)

H785（三菱TDG-MM96FH）　　　　　　　(150)

H736（三菱QRG-MS96VP）　　　　　　　(151)

H789（三菱QRG-MS96VP）　　　　　　　(152)

H1078（三菱QTG-MS96VP）　　　　　　（153）

H1246（三菱2TG-MS06GP）　　　　　　（154）

営業所別・車種別車両数

車種＼営業所	いすゞ 乗合	いすゞ 高速	いすゞ 貸切	日産ディーゼル/UD 乗合	日産ディーゼル/UD 高速	日産ディーゼル/UD 貸切	日野 乗合	日野 貸切	三菱ふそう 乗合	三菱ふそう 高速	三菱ふそう 貸切	スカニア 乗合	合計
新潟東部営業所	12	26		7					4	16	1		66
新潟西部営業所	21			8			1		17		1	4	52
新潟南部営業所	22			23					45		1		91
新潟北部営業所	26			2					24		1		53
内野営業所	51			8					35		1		95
入船営業所	35			17			7		19		1		79
新潟交通合計	167	26		65			8		144	16	6	4	436
本社営業所	3		8	3		1	2		8		8		33
京ヶ瀬営業所	7		6	14			1	1	13		12		54
津川営業所	3			3					1		4		11
潟東営業所	24	9	3	10	3		1		14		7		71
村上営業所	4			3			1		9		2		19
新発田営業所	10		6	2			3		17		7		45
下関営業所	5			2									7
勝木営業所								1	5		1		7
新潟交通観光バス合計	56	9	23	37	3	1	8	2	67		41		247
本社営業所	3			5					16		27		51
両津営業所	2			4					7				13
羽茂営業所				5					4				9
新潟交通佐渡合計	5			14					27		27		73
グループ総計	228	35	23	116	3	1	16	2	238	16	74	4	756

現有車両一覧表

ISUZU

KC-LR333J（いすゞ）

観	G1511	新 22か1511	96	新○	
観	G1512	新 22か1512	96	新○	
観	G1514	新 22か1514	96	潟○	
観	G1515	新 22か1515	96	潟○	
観	G1516	新 22か1516	96	潟○	
観	G1577	新 22か1577	97	新○	
観	G1579	新 22か1579	97	津○	
観	G1581	新 22か1581	97	津○	
観	H 35	新200か	35	98	新○
観	H 37	新200か	37	98	津○
観	H 38	新200か	38	98	寺○
観	H 39	新200か	39	98	潟○
観	H 40	新200か	40	98	潟○

KK-LR233J1（いすゞ）

H 194	新200か	194	01	東○
H 195	新200か	195	01	東○
H 196	新200か	196	01	東○
H 197	新200か	197	01	東○
H 198	新200か	198	01	東○

U-LV324K（IKC）

観	G1295	新 22か1295	93	下○
観	G1296	新 22か1296	93	村○
観	G1298	新 22か1298	93	下○
観	G1302	新 22か1302	93	下○
観	G1303	新 22か1303	93	村○
観	G1305	新 22か1305	93	潟○
観	G1306	新 22か1306	93	下○
観	G1423	新 22か1423	95	下○
観	G1426	新 22か1426	95	新○
観	G1427	新 22か1427	95	新○

U-LV324N（IKC）

観	G1110	新 22か1110	91	京○

観	G1148	新 22か1148	92	新○
観	G1286	新 22か1286	93	村○
観	G1289	新 22か1289	93	潟○
観	G1340	新 22か1340	94	新○
観	G1341	新 22か1341	94	潟○
観	G1348	新 22か1348	94	潟○
観	G1350	新 22か1350	94	新○
観	G1352	新 22か1352	94	京○
観	G1354	新 22か1354	94	京○
観	G1355	新 22か1355	94	京○
観	G1358	新 22か1358	94	寺○
観	G1359	新 22か1359	94	潟○
観	G1360	新 22か1360	94	潟○
観	G1361	新 22か1361	94	潟○
観	G1410	新 22か1410	95	潟○
観	G1418	新 22か1418	95	新○
観	G1419	新 22か1419	95	京○
観	G1421	新 22か1421	95	寺○

KC-LV380L（いすゞ）

	H 26	新200か	26	98	入○
	H 27	新200か	27	98	入○
	H 28	新200か	28	98	入○
	H 29	新200か	29	98	入○
観	H 30	新200か	30	98	村○
	H 31	新200か	31	98	南○
	H 32	新200か	32	98	南○
	H 33	新200か	33	98	南○
	H 34	新200か	34	98	南○
	H 93	新200か	93	99	北○
	H 94	新200か	94	99	北○
	H 95	新200か	95	99	北○
	H 97	新200か	97	99	北○

KC-LV380Q（いすゞ）

G1500	新 22か1500	96	南○	
G1560	新 22か1560	97	南○	
G1561	新 22か1561	97	南○	

観	G1563	新 22か1563	97	潟○
	G1564	新 22か1564	97	西○
	G1565	新 22か1565	97	西○
H 22	新200か	22	98	内○
H 23	新200か	23	98	内○
H 24	新200か	24	98	内○
H 83	新200か	83	99	内○
H 84	新200か	84	99	内○
H 85	新200か	85	99	内○
H 87	新200か	87	99	内○
H 88	新200か	88	99	南○
H 89	新200か	89	99	南○
H 90	新200か	90	99	南○
H 91	新200か	91	99	南○
H 92	新200か	92	99	南○

KL-LV280L1（いすゞ）

H 133	新200か	133	00	北○
H 134	新200か	134	00	北○
H 135	新200か	135	00	北○
H 136	新200か	136	00	北○
H 137	新200か	137	00	北○
H 138	新200か	138	00	北○
H 139	新200か	139	00	北○
H 140	新200か	140	00	北○
佐 H1068	新200か1068	(00)	佐○	
佐 H1083	新200か1083	(00)	両○	
佐 H1101	新200か1101	(00)	佐○	
佐 H1106	新200か1106	(00)	両○	
佐 H1107	新200か1107	(00)	佐○	
H 174	新200か	174	01	北○
H 175	新200か	175	01	入○
H 176	新200か	176	01	西○
H 177	新200か	177	01	入○
H 178	新200か	178	01	入○
H 179	新200か	179	01	入○
H 180	新200か	180	01	入○
H 181	新200か	181	01	入○

	H 182	新200か	182	01	内○
	H 183	新200か	183	01	内○
	H 209	新200か	209	02	入○
	H 210	新200か	210	02	入○
	H 212	新200か	212	02	入○
	H 213	新200か	213	02	入○
	H 214	新200か	214	02	入○
	H 215	新200か	215	02	入○
観	H 936	新200か	936	(02)	潟○
観	H 943	新200か	943	(02)	京○
観	H 935	新200か	935	(03)	潟○
観	H 944	新200か	944	(03)	京○
	H 284	新200か	284	04	入○
	H 285	新200か	285	04	入○
	H 286	新200か	286	04	入○
	H 287	新200か	287	04	入○
	H 288	新200か	288	04	入○
	H 289	新200か	289	04	入○
	H 290	新200か	290	04	入○
	H 291	新200か	291	04	入○
	H 292	新200か	292	04	西○
	H 293	新200か	293	04	西○

KL-LV280Q1（いすゞ）

	H 128	新200か	128	00	内○
	H 129	新200か	129	00	内○
	H 130	新200か	130	00	内○
	H 131	新200か	131	00	内○
	H 132	新200か	132	00	内○
観	H 911	新200か	911	(03)	潟○
観	H 931	新200か	931	(03)	潟○
観	H 932	新200か	932	(03)	潟○
観	H1017	新200か	1017	(03)	潟○
観	H1147	新200か	1147	(03)	潟○
観	H1235	新200か	1235	(03)	潟○
観	H1261	新200か	1261	(03)	潟○
	H 328	新200か	328	05	南○
	H 329	新200か	329	05	内○
	H 330	新200か	330	05	内○
	H 331	新200か	331	05	内○

	H 332	新200か	332	05	西○
	H 334	新200か	334	05	西○
	H 335	新200か	335	05	内○
	H 336	新200か	336	05	南○

PJ-LV234L1（JBUS）

	H 381	新200か	381	06	入○
	H 382	新200か	382	06	入○
	H 383	新200か	383	06	入○
	H 384	新200か	384	06	入○
	H 385	新200か	385	06	入○
	H 386	新200か	386	06	入○

PKG-LV234N2（JBUS）

観	H 448	新200か	448	07	潟○
	H 450	新200か	450	07	内○
	H 451	新200か	451	07	内○
	H 452	新200か	452	07	内○
	H 453	新200か	453	07	内○
	H 454	新200か	454	07	内○
	H 455	新200か	455	07	内○
	H 537	新200か	537	08	南○
	H 538	新200か	538	08	南○
	H 539	新200か	539	08	南○
	H 540	新200か	540	08	南○
	H 541	新200か	541	08	南○
	H 543	新200か	543	08	南○
	H 595	新200か	595	09	北○
	H 596	新200か	596	09	北○
	H 597	新200か	597	09	北○
	H 598	新200か	598	09	西○
	H 599	新200か	599	09	西○
	H 600	新200か	600	09	西○
	H 601	新200か	601	09	内○
	H 602	新200か	602	09	内○

LKG-LV234N3（JBUS）

	H 654	新200か	654	10	内○
	H 655	新200か	655	10	内○
	H 656	新200か	656	10	内○

	H 657	新200か	657	10	内○
	H 658	新200か	658	10	内○
	H 659	新200か	659	10	内○
	H 660	新200か	660	10	内○
	H 661	新200か	661	10	内○
	H 662	新200か	662	10	内○
	H 709	新200か	709	11	内○
	H 710	新200か	710	11	内○
	H 711	新200か	711	11	内○
	H 712	新200か	712	11	内○
	H 713	新200か	713	11	内○
	H 714	新200か	714	11	内○
	H 715	新200か	715	11	西○
	H 716	新200か	716	11	西○
	H 717	新200か	717	11	西○
	H 718	新200か	718	11	西○
	H 719	新200か	719	11	西○

QPG-LV234N3（JBUS）

	H 758	新200か	758	12	北○
	H 759	新200か	759	12	北○
	H 760	新200か	760	12	北○
	H 826	新200か	826	13	北○
	H 827	新200か	827	13	北○
	H 828	新200か	828	13	北○
	H 829	新200か	829	13	北○
	H 830	新200か	830	13	北○

QKG-LV234N3（JBUS）

	H 880	新200か	880	14	西○
	H 881	新200か	881	14	内○

QPG-LV290Q1（JBUS）

	H 967	新200か	967	15	北○
	H 968	新200か	968	15	北○
	H1046	新200か	1046	16	内○
	H1047	新200か	1047	16	内○
	H1048	新200か	1048	16	内○
	H1050	新200か	1050	16	内○
	H1051	新200か	1051	16	内○

2DG-LV290N2（JBUS）

H1115 新200か1115 17 入○
H1116 新200か1116 17 入○
H1117 新200か1117 17 入○
H1118 新200か1118 17 入○
H1204 新200か1204 18 東○
H1205 新200か1205 18 東○

2PG-LV290Q2（JBUS）

H1119 新200か1119 17 内○
H1120 新200か1120 17 内○
H1123 新200か1123 17 西○
H1124 新200か1124 17 西○
H1125 新200か1125 17 西○
H1126 新200か1126 17 西○
H1127 新200か1127 17 西○

2PG-LV290N3（JBUS）

H1282 新200か1282 19 東○
H1283 新200か1283 19 入○

2PG-LV290Q3（JBUS）

H1278 新200か1278 19 南○
H1279 新200か1279 19 南○
H1280 新200か1280 19 内○
H1281 新200か1281 19 内○

KL-LV780H2（いすゞ）

観 H 266 新200か 266 04 京□
観 H 267 新200か 267 04 寺□

KL-LV781R2（いすゞ/JBUS）

観 H 259 新200か 259 04 潟◎
観 H 260 新200か 260 04 潟◎
観 H 309 新200か 309 05 潟◎
観 H 310 新200か 310 05 潟◎

ADG-RU1ESAJ（JBUS）

観 H 359 新200か 359 06 潟◎
観 H 360 新200か 360 06 潟◎

観 H 361 新200か 361 06 潟□

BDG-RU8JHAJ（JBUS）

観 H 420 新200か 420 07 新□
観 H 488 新200か 488 08 寺□
観 H 574 新200か 574 09 新□
観 H 632 新200か 632 10 京□

PKG-RU1ESAJ（JBUS）

H 413 新200か 413 07 東◎
H 414 新200か 414 07 潟◎
観 H 415 新200か 415 07 潟◎
H 416 新200か 416 07 東◎
H 483 新200か 483 08 東◎
H 484 新200か 484 08 東◎
H 485 新200か 485 08 東◎
H 559 新200か 559 09 東◎
H 560 新200か 560 09 東◎
H 577 新200か 577 09 東◎
H 578 新200か 578 09 東◎
H 579 新200か 579 09 東◎
H 580 新200か 580 09 東◎
H 633 新200か 633 10 東◎

QPG-RU1ESBJ（JBUS）

観 H 733 新200か 733 12 寺□
観 H 734 新200か 734 12 寺□
H 739 新200か 739 12 東□
H 740 新200か 740 12 東□
観 H 781 新200か 781 13 京□
観 H 782 新200か 782 13 京□
観 H 783 新200か 783 13 潟□
観 H 784 新200か 784 13 寺□
観 H 851 新200か 851 14 新□
観 H 852 新200か 852 14 新□
H 853 新200か 853 14 東◎
H 854 新200か 854 14 東◎
H 855 新200か 855 14 東◎

QTG-RU1ASCJ（JBUS）

H 918 新200か 918 15 東○
H 919 新200か 919 15 東○

QRG-RU1ESBJ（JBUS）

H 906 新200か 906 15 東○
H 907 新200か 907 15 東○
H 908 新200か 908 15 東○
H 909 新200か 909 15 東○
観 H 938 新200か 938 15 潟□
観 H 939 新200か 939 15 京□
H 996 新200か 996 16 東○
H 997 新200か 997 16 東○
H 998 新200か 998 16 東○
H 999 新200か 999 16 東○
観 H1018 新200か1018 16 寺□
観 H1019 新200か1019 16 新□
観 H1079 新200か1079 17 京□
観 H1080 新200か1080 17 潟□

2DG-RU2AHDJ（JBUS）

観 H1241 新200か1241 19 寺□

2TG-RU1ASDJ（JBUS）

H1166 新200か1166 18 東○
H1240 新200か1240 19 東○

2RG-RU1ESDJ（JBUS）

H1165 新200か1165 18 東○
観 H1167 新200か1167 18 寺□
観 H1168 新200か1168 18 新□

NISSAN DIESEL / UD

U-RM210ESN（富士）

観 G1311 新 22か1311 94 津○

KC-RN210CSN（富士）

観 G1603 新 22か1603 98 寺□

KC-RM211GSN（富士）

佐 G1471 新 22か1471 96 佐○
観 G1477 新 22か1477 96 新○
佐 H1155 新200か1155（96）羽○
佐 H1156 新200か1156（96）羽○
佐 G1535 新 22か1535 97 羽○
佐 H 994 新200か 994（98）羽○
佐 H1217 新200か1217（98）両○
佐 H 914 新200か 914（99）佐○
佐 H1001 新200か1001（99）両○

KC-JP250NTN（富士）
観 H 14 新200か 14 98 村○

KK-RM252GAN（富士）
観 H1122 新200か1122（00）津○

KK-RM252GAN（西工）
佐 H 946 新200か 946（01）佐○
佐 H1263 新200か1263（02）両○
佐 H1040 新200か1040（03）佐○
佐 H1041 新200か1041（03）羽○
佐 H1058 新200か1058（03）両○

U-UA440HSN（富士）
観 G1270 新 22か1270 93 村○
観 G1272 新 22か1272 93 津○
観 G1364 新 22か1364 94 潟○
観 G1368 新 22か1368 94 村○
観 G1369 新 22か1369 94 新○
観 G1372 新 22か1372 94 下○
観 G1374 新 22か1374 94 下○
観 G1375 新 22か1375 94 寺□
観 G1376 新 22か1376 94 潟○
佐 G1377 新 22か1377 94 佐○
観 G1444 新 22か1444 95 京○
観 G1445 新 22か1445 95 京○

KC-UA460HSN（富士）
 G1567 新 22か1567 97 東○
 G1568 新 22か1568 97 入○

 G1569 新 22か1569 97 入○
 G1570 新 22か1570 97 南○
 G1572 新 22か1572 97 入○
 G1573 新 22か1573 97 東○

KL-UA452KAN（富士）
 H 189 新200か 189 01 入○
 H 190 新200か 190 01 入○
 H 191 新200か 191 01 入○
 H 192 新200か 192 01 西○
 H 193 新200か 193 01 東○
観 H 814 新200か 814（01）潟○
観 H 815 新200か 815（01）潟○
 H 216 新200か 216 02 東○
 H 217 新200か 217 02 東○
 H 218 新200か 218 02 内○

KL-UA452KAN（西工）
観 H 874 新200か 874（03）京○
観 H 875 新200か 875（03）京○
観 H 893 新200か 893（03）京○
観 H 894 新200か 894（03）潟○
観 H1170 新200か1170（03）寺○
観 H1171 新200か1171（03）京○
観 H1187 新200か1187（03）京○
 H 294 新200か 294 04 入○
 H 295 新200か 295 04 入○
 H 296 新200か 296 04 入○
 H 297 新200か 297 04 西○
 H 298 新200か 298 04 西○
 H 299 新200か 299 04 西○
観 H1141 新200か1141（04）京○
観 H1089 新200か1089（05）京○
観 H1102 新200か1102（05）京○
観 H1104 新200か1104（05）寺○

KL-UA452MAN（富士）
観 H1011 新200か1011（02）潟○
観 H1012 新200か1012（02）潟○

KL-UA452MAN（西工）
観 H1178 新200か1178（03）潟○
観 H1197 新200か1197（03）潟○
観 H1198 新200か1198（03）潟○

KL-UA452PAN（西工）
 H 338 新200か 338 05 内○
 H 339 新200か 339 05 内○
 H 340 新200か 340 05 内○
 H 341 新200か 341 05 内○
 H 343 新200か 343 05 内○
 H 344 新200か 344 05 内○

PKG-RA274KAN（西工）
 H 391 新200か 391 06 北○
 H 392 新200か 392 06 北○
 H 393 新200か 393 06 入○
 H 394 新200か 394 06 入○
 H 395 新200か 395 06 入○
 H 396 新200か 396 06 入○
 H 397 新200か 397 06 入○
 H 398 新200か 398 06 入○
 H 399 新200か 399 06 入○
 H 400 新200か 400 06 入○
 H 401 新200か 401 06 内○
 H 427 新200か 427 07 東○
 H 428 新200か 428 07 東○

PKG-RA274PAN（西工）
 H 443 新200か 443 07 南○
 H 444 新200か 444 07 南○
 H 445 新200か 445 07 南○
 H 446 新200か 446 07 南○
 H 447 新200か 447 07 南○
 H 530 新200か 530 08 南○
 H 531 新200か 531 08 南○
 H 532 新200か 532 08 南○
 H 533 新200か 533 08 南○
 H 534 新200か 534 08 南○
 H 535 新200か 535 08 南○

H 536 新200か 536 08 南○
H 608 新200か 608 09 南○
H 609 新200か 609 09 南○
H 610 新200か 610 09 南○
H 611 新200か 611 09 南○
H 612 新200か 612 09 南○
H 613 新200か 613 09 南○
H 614 新200か 614 09 南○
H 615 新200か 615 09 南○
H 616 新200か 616 09 南○

LKG-AP37FM（MFBM）

H 670 新200か 670 10 西○
H 671 新200か 671 10 西○
H 672 新200か 672 10 南○
H 673 新200か 673 10 南○
H 674 新200か 674 10 西○

KC-RA531RBN（富士）

観 G1532 新 22か1532 97 京○
観 G1598 新 22か1598 98 京○
観 H 60 新200か 60 99 京○
観 H 61 新200か 61 99 京○
観 H 116 新200か 116 00 潟○

KL-RA552RBN（富士）

観 H 161 新200か 161 01 潟◎
観 H 162 新200か 162 01 潟◎

HINO

BDG-RX6JFBA（JBUS）

観 H 513 新200か 513 08 京○

BDG-HX6JLAE（JBUS）

H 653 新200か 653 10 入○

SKG-HX9JLBE（JBUS）

観 H 817 新200か 817 13 新○
観 H 818 新200か 818 13 新○

観 H 840 新200か 840 14 新○

SDG-HX9JLBE（JBUS）

H 698 新200か 698 11 西○
H 699 新200か 699 11 入○
H1064 新200か1064 17 入○
H1065 新200か1065 17 入○
H1066 新200か1066 17 入○

2DG-HX9JLCE（JBUS）

観 E 003 新200い 3 18 潟○
観 H1225 新200か1225 19 村○
観 004 新230い 4 19 寺○
観 F 005 新200あ 5 19 寺○
H1267 新200か1267 19 入○
H1268 新200か1268 19 入○

U-RJ3HJAA（日野）

観 H 317 新200か 317（94）京□
観 H 318 新200か 318（94）勝□

MITSUBISHI FUSO

TPG-BE640G（MFBM）

観 F 239 新200あ 239 14 新○
観 F 240 新200あ 240 14 新○
観 F 241 新200あ 241 14 新○

TPG-BE640J（MFBM）

観 F 218 新200あ 218 12 京□
観 F 219 新200あ 219 12 寺□

PA-ME17DF（MFBM）

観 H 408 新200か 408 07 新○
観 H 409 新200か 409 07 新○

U-MJ217F（MBM）

観 G1312 新 22か1312 94 村○
観 G1318 新 22か1318 94 寺○
観 G1319 新 22か1319 94 村○

観 G1320 新 22か1320 94 潟○
観 G1321 新 22か1321 94 潟○
観 G1322 新 22か1322 94 村○
観 G1323 新 22か1323 94 村○
観 G1362 新 22か1362 94 津○
観 A 179 新 22あ 179 94 村○
観 G1428 新 22か1428 95 村○
観 G1429 新 22か1429 95 京○
観 G1430 新 22か1430 95 村○
観 G1431 新 22か1431 95 津□
観 G1432 新 22か1432 95 京○
観 G1433 新 22か1433 95 新○
観 G1434 新 22か1434 95 村○

U-MJ628F（MBM）

佐 A 186 新 22あ 186 95 佐□
佐 H1183 新 22か1183（95）佐□

U-MK618J（MBM）

観 H 327 新200か 327（95）京○

U-MK626J（MBM）

佐 G1331 新 22か1331 94 佐□
佐 G1332 新 22か1332 94 佐□
佐 G1334 新 22か1334 94 佐□
佐 G1396 新 22か1396 95 佐□
佐 G1397 新 22か1397 95 佐□
佐 G1398 新 22か1398 95 佐□

KC-MJ218F（MBM）

観 G1463 新 22か1463 96 津□
観 G1465 新 22か1465 96 勝○
観 G1466 新 22か1466 96 新○
観 G1467 新 22か1467 96 新○
観 A 201 新 22あ 201 96 勝○
観 G1491 新 22か1491 96 勝○
観 G1492 新 22か1492 96 京○
観 G1493 新 22か1493 96 京○
観 G1494 新 22か1494 96 新○
観 G1495 新 22か1495 96 寺○

観 G1496 新 22か1496 96 潟○
観 G1497 新 22か1497 96 潟○
佐 G1536 新 22か1536 97 羽○
佐 G1537 新 22か1537 97 両○
観 G1582 新 22か1582 97 京○
観 G1583 新 22か1583 97 寺○
観 G1584 新 22か1584 97 寺○
観 G1585 新 22か1585 97 寺○
　 G1586 新 22か1586 97 入○
観 G1587 新 22か1587 97 勝○
　 G1588 新 22か1588 97 入○
　 H 41 新200か 41 98 西○
　 H 43 新200か 43 98 入○
観 H 44 新200か 44 98 寺○

KC-MJ629F(MBM)
観 A 191 新 22あ 191 96 京□

KC-MK219J(MBM)
観 H 767 新200か 767(97)津○
観 H 768 新200か 768(97)勝○
観 H 769 新200か 769(98)新○
佐 H1004 新200か1004(98)佐○
観 H 770 新200か 770(99)津○

KC-MK619J(MBM)
観 H 371 新200か 371(95)村□

KK-MJ26HF(MBM/MFBM)
佐 H1226 新200か1226 02 佐○
佐 H1227 新200か1227 02 佐○
観 F 83 新200あ 83 02 京□
観 F 84 新200あ 84 02 寺□
観 F 103 新200あ 103 04 潟□
観 F 104 新200あ 104 04 新□

KK-MJ27HF(MFBM)
佐 H 638 新200か 638(03)両○
　 H 268 新200か 268 04 入○
　 H 269 新200か 269 04 入○

観 H 586 新200か 586(04)寺○

KK-MK23HJ(MBM)
観 H 730 新200か 730(00)京□

KK-MK25HJ(MBM)
佐 H1110 新200か1110(00)佐○
佐 H1121 新200か1121(00)両○

KK-MK23HH(MBM)
佐 H1139 新200か1139(00)羽○
佐 H1146 新200か1146(00)佐○
佐 H 795 新200か 795(01)佐○
佐 H 796 新200か 796(01)両○
佐 H 797 新200か 797(01)羽○

TKG-MK27FH(MFBM)
佐 H 841 新200か 841 14 佐○

U-MP218P(呉羽)
観 G1201 新 22か1201 92 潟○

U-MP218P(MBM)
観 G1435 新 22か1435 95 潟○
観 G1436 新 22か1436 95 潟○
観 G1437 新 22か1437 95 潟○
観 G1439 新 22か1439 95 潟○

KC-MP217M(西工)
観 H 861 新200か 861(96)京□
観 H 862 新200か 862(96)京□
観 H 867 新200か 867(96)新□
観 H 868 新200か 868(97)村○

KC-MP217P(MBM)
　 G1490 新 22か1490 96 南○

KC-MP317K(MBM)
　 H 98 新200か 98 99 北○
　 H 99 新200か 99 99 北○

　 H 100 新200か 100 99 北○

KC-MP747K(MBM)
佐 H1188 新200か1188(99)佐○

KC-MP747M(MBM)
佐 H 984 新200か 984(98)佐○
佐 H 985 新200か 985(98)両○

KL-MP33JM(MBM)
佐 H 865 新200か 865(00)佐○
佐 H 866 新200か 866(00)両○

KL-MP35JK(MBM)
　 H 143 新200か 143 00 南○
　 H 144 新200か 144 00 入○
　 H 145 新200か 145 00 入○
　 H 146 新200か 146 00 入○
　 H 147 新200か 147 00 入○
　 H 148 新200か 148 00 入○
　 H 151 新200か 151 00 入○
　 H 152 新200か 152 00 西○
　 H 154 新200か 154 00 西○
　 H 184 新200か 184 01 入○
　 H 186 新200か 186 01 南○
　 H 187 新200か 187 01 南○
　 H 188 新200か 188 01 南○
　 H 219 新200か 219 02 北○
　 H 220 新200か 220 02 北○
　 H 221 新200か 221 02 北○
　 H 223 新200か 223 02 北○
　 H 224 新200か 224 02 北○

KL-MP35JM(MBM/MFBM)
佐 H 920 新200か 920(01)佐○
佐 H 921 新200か 921(01)佐○
佐 H 922 新200か 922(01)佐○
佐 H1179 新200か1179(01)佐○
観 H1085 新200か1085(02)潟○
観 H1096 新200か1096(02)寺○

観 H1097 新200か1097(02)新○	H 432 新200か 432 07 南○	H 707 新200か 707 11 内○
H1177 新200か1177(02)入○	H 433 新200か 433 07 南○	H 708 新200か 708 11 内○
H1182 新200か1182(02)入○	H 434 新200か 434 07 南○	
H1219 新200か1219(02)入○	H 435 新200か 435 07 南○	**QKG-MP38FM(MFBM)**
H1220 新200か1220(02)入○	H 436 新200か 436 07 南○	H 882 新200か 882 14 内○
H1231 新200か1231(02)東○	H 437 新200か 437 07 南○	H 883 新200か 883 14 内○
H1236 新200か1236(02)東○	H 438 新200か 438 07 南○	H 884 新200か 884 14 西○
H1251 新200か1251(02)南○	H 439 新200か 439 07 南○	H 885 新200か 885 14 内○
観 H1098 新200か1098(03)新○	H 440 新200か 440 07 南○	H 886 新200か 886 14 南○
観 H1191 新200か1191(03)新○	H 441 新200か 441 07 南○	H 887 新200か 887 14 西○
観 H1192 新200か1192(03)新○	H 521 新200か 521 08 南○	H 889 新200か 889 14 西○
観 H1200 新200か1200(03)新○	H 522 新200か 522 08 南○	II 940 新200か 940 15 内○
佐 H1201 新200か1201(03)両○	H 523 新200か 523 08 南○	H 950 新200か 950 15 内○
佐 H1202 新200か1202(03)羽○	H 524 新200か 524 08 南○	H 951 新200か 951 15 内○
観 H1252 新200か1252(03)京○	H 525 新200か 525 08 南○	H 952 新200か 952 15 内○
観 H1262 新200か1262(03)京○	H 526 新200か 526 08 南○	H 953 新200か 953 15 内○
H1190 新200か1190(04)入○	H 527 新200か 527 08 南○	H 954 新200か 954 15 内○
観 H1199 新200か1199(04)京○	H 528 新200か 528 08 南○	H 955 新200か 955 15 内○
観 H1216 新200か1216(04)京○	H 529 新200か 529 08 南○	H 956 新200か 956 15 内○
観 H1253 新200か1253(04)新○	H 603 新200か 603 09 内○	H 957 新200か 957 15 内○
観 H1254 新200か1254(04)潟○	H 604 新200か 604 09 内○	H 958 新200か 958 15 内○
	H 605 新200か 605 09 内○	H 959 新200か 959 15 南○
KL-MP37JM(MBM/MFBM)	H 606 新200か 606 09 内○	H 960 新200か 960 15 南○
佐 H1003 新200か1003(01)佐○	H 607 新200か 607 09 南○	H 961 新200か 961 15 南○
佐 H1193 新200か1193(03)佐○		H 962 新200か 962 15 南○
	LKG-MP37FM(MFBM)	H 964 新200か 964 15 南○
PJ-MP35JK(MFBM)	H 663 新200か 663 10 内○	H 965 新200か 965 15 南○
H 387 新200か 387 06 入○	H 664 新200か 664 10 内○	H 966 新200か 966 15 南○
H 388 新200か 388 06 入○	H 665 新200か 665 10 内○	H1026 新200か1026 16 北○
H 389 新200か 389 06 北○	H 666 新200か 666 10 内○	H1027 新200か1027 16 北○
H 390 新200か 390 06 北○	H 667 新200か 667 10 内○	H1028 新200か1028 16 北○
	H 668 新200か 668 10 内○	H1029 新200か1029 16 南○
PJ-MP35JM(MFBM)	H 669 新200か 669 10 西○	H1030 新200か1030 16 南○
観 H1255 新200か1255(04)京○	H 700 新200か 700 11 北○	H1031 新200か1031 16 南○
観 H1259 新200か1259(04)潟○	H 701 新200か 701 11 北○	H1032 新200か1032 16 南○
観 H1271 新200か1271(04)京○	H 702 新200か 702 11 北○	H1033 新200か1033 16 南○
観 H1272 新200か1272(04)潟○	H 703 新200か 703 11 北○	H1034 新200か1034 16 南○
観 H1260 新200か1260(05)潟○	H 704 新200か 704 11 北○	H1035 新200か1035 16 南○
	H 705 新200か 705 11 内○	H1036 新200か1036 16 南○
PKG-AA274PAN(西工)	H 706 新200か 706 11 内○	H1037 新200か1037 16 内○

H1038 新200か1038 16 内○
H1039 新200か1039 16 内○
H1044 新200か1044 16 内○
H1045 新200か1045 16 内○

2KG-MP38FM(MFBM)

H1128 新200か1128 17 西○
H1129 新200か1129 17 西○
H1131 新200か1131 17 西○
H1132 新200か1132 17 西○
H1133 新200か1133 17 西○
H1134 新200か1134 17 南○
H1135 新200か1135 17 南○
H1136 新200か1136 17 北○
H1137 新200か1137 17 北○
H1138 新200か1138 17 北○
H1206 新200か1206 18 北○
H1207 新200か1207 18 内○
H1208 新200か1208 18 内○
H1209 新200か1209 18 西○
H1210 新200か1210 18 西○
H1211 新200か1211 18 西○
H1212 新200か1212 18 西○
H1213 新200か1213 18 西○
H1273 新200か1273 19 南○
H1274 新200か1274 19 内○
H1275 新200か1275 19 北○
H1276 新200か1276 19 北○

U-MS821P(三菱)

G1254 新 22か1254 93 内□
G1395 新 22か1395 95 西□

KC-MS829P(MBM)

佐 H1099 新200か1099(99)佐□

KC-MS822P(三菱)

G1522 新 22か1522 96 南□
佐 G1523 新 22か1523 96 佐□
佐 G1533 新 22か1533 97 佐□

佐 G1534 新 22か1534 97 佐□
佐 G1540 新 22か1540 97 佐□
佐 G1596 新 22か1596 98 佐□
G1597 新 22か1597 98 東□

KK-MM86FH(MBM)

観 H 166 新200か 166 01 京□
佐 H1108 新200か1108(01)佐□

KL-MS86MM(MBM)

佐 H 913 新200か 913(02)佐□
佐 H 915 新200か 915(02)佐□

KL-MS86MP(MBM/MFBM)

佐 H 856 新200か 856(02)佐□
佐 H 858 新200か 858(02)佐□
佐 H1100 新200か1100(02)佐□
佐 H1006 新200か1006(03)佐□
佐 H1153 新200か1153(03)佐□
佐 H1154 新200か1154(03)佐□
観 H 261 新200か 261 04 勝□
観 H 262 新200か 262 04 村□
観 H 311 新200か 311 05 京□
観 H 312 新200か 312 05 寺□
観 H 313 新200か 313 05 京□
観 H 314 新200か 314 05 新□
観 H 315 新200か 315 05 潟□
観 H 316 新200か 316 05 潟□
佐 H1084 新200か1084(05)佐□
佐 H1218 新200か1218(05)佐□
佐 H1224 新200か1224(05)佐□
佐 H1228 新200か1228(05)佐□

PJ-MS86JP(MFBM)

H 362 新200か 362 06 北□
観 H 363 新200か 363 06 新□
観 H 364 新200か 364 06 新□
観 H 419 新200か 419 07 寺□

BKG-MS96JP(MFBM)

H 482 新200か 482 08 入□
観 H 487 新200か 487 08 新□
H 557 新200か 557 09 東○
H 558 新200か 558 09 東○
観 H 569 新200か 569 09 寺□
観 H 570 新200か 570 09 新□
観 H 571 新200か 571 09 寺□
観 H 572 新200か 572 09 潟□
観 H 573 新200か 573 09 京□
H 575 新200か 575 09 東◎
H 576 新200か 576 09 東◎
観 H 629 新200か 629 10 京□
観 H 630 新200か 630 10 寺□
観 H 631 新200か 631 10 潟□

LKG-MS96VP(MFBM)

H 652 新200か 652 10 東◎
H 696 新200か 696 11 東◎
H 697 新200か 697 11 東◎

TDG-MS96FH(MFBM)

観 H 785 新200か 785 13 潟□

QRG-MS96VP(MFBM)

観 H 732 新200か 732 12 新□
H 735 新200か 735 12 東○
H 736 新200か 736 12 東○
H 737 新200か 737 12 東○
H 738 新200か 738 12 東○
観 H 779 新200か 779 13 京□
観 H 780 新200か 780 13 潟□
H 786 新200か 786 13 東◎
H 787 新200か 787 13 東◎
H 788 新200か 788 13 東◎
H 789 新200か 789 13 東◎
観 H 850 新200か 850 14 寺□

QTG-MS96VP(MFBM)

H1077 新200か1077 17 東◎
H1078 新200か1078 17 東◎

	H1245	新200か1245	19 東◎
観	H1246	新200か1246	19 京□

SCANIA

ARTICULATED-BUS（VOLGREN）

001　新200い　　1　15　西○

002　新200あ　　2　15　西○
003　新200あ　　3　15　西○
004　新230あ　　4　15　西○

●現有車両一覧表凡例

　　<u>KL-LV280L1</u>　<u>（いすゞ）</u>
　　　　①　　　　　　②

　　<u>佐</u> <u>H1068</u> <u>新200か1068</u>（00）<u>佐</u> <u>○</u>
　　③　④　　　⑤　　　⑥⑦⑧

①車台型式（改は省略）
②ボディメーカー
③保有事業者
　無印：新潟交通／観：新潟交通観光
　バス／佐：新潟交通佐渡
④社番（P4参照）
⑤登録番号
　新：新潟
⑥年式（登録年西暦の下2桁）

（　）：移籍車の新製時登録年（新潟
交通グループ3社間を除く）
⑦所属営業所
　東：新潟東部／西：新潟西部／南：
新潟南部／北：新潟北部／内：内野
／入：入船／寺：新潟交通観光バス
本社／京：京ヶ瀬／津：津川／潟：
潟東／村：村上／新：新発田／下：
下関／勝：勝木／佐：新潟交通佐渡
本社／両：両津／羽：羽茂
⑧用途
　○：一般路線車／◎：高速車／□：
貸切車

現有車両車種別解説

ISUZU

●KC-LR333J　　　　　　　（9・10）
　機関6HH1、軸距4400㎜の中型車。
1511・1512・1514～1516は前後引戸・
2段窓のジャーニーKツーステップバ
スである。1577・1579・1581・35・37
～40は前中引戸・2段窓のジャーニー
Kツーステップバスである。

●KK-LR233J1　　　　　　　　（11）
　機関6HH1、軸距4400㎜の中型車。
前中引戸・逆T字型窓のエルガミオワ
ンステップバスである。

●U-LV324K　　　　　　　　　（12）
　機関6QB2、軸距4650㎜の短尺大型
車。前後引戸・2段窓のキュービック
ツーステップバスである。

●U-LV324N　　　　　　　　　（13）
　機関6QB2、軸距5500㎜の長尺大型

車。前後引戸・2段窓のキュービック
ツーステップバスである。

●KC-LV380L　　　　　　　（14・15）
　機関8PE1、軸距4800㎜の短尺大型
車。26～34は前中引戸・2段窓のキュ
ービックツーステップバスである。93
～95・97は前中引戸・逆T字型窓のキ
ュービック楽々ステップバスである。

●KC-LV380Q　　　　　　　（16～18）
　機関8PE1、軸距5800㎜の長尺大型
車。1500・1560・1561・1563～1565は
前後引戸・2段窓のキュービックツー
ステップバスである。22～24は前中引
戸・2段窓のキュービックツーステップ
バスである。83～85・87～92は前中
引戸・逆T字型窓のキュービック楽々
ステップバスである。

●KL-LV280L1　　　　　　　（19～24）

機関8PE1、軸距4800㎜の短尺大型車。133〜140・174〜183・209・210・212〜215・284〜293は前中引戸・逆T字型窓・デンソー製冷房装置のエルガワンステップバス。02年式から冷房ユニットの形状が変わり、04年式から側窓がサッシレスとなった。936・943・944は前中引戸・逆T字型窓・ゼクセル製冷房装置のエルガワンステップバス。国際興業から移籍した。935・1068・1083・1101・1106・1107は前中引戸・逆T字型窓のエルガノンステップバス。935は北港観光バス、他は横浜市交通局から移籍した。

●KL-LV280Q1　　　　　　　（25〜27）
　機関8PE1、軸距5800㎜の長尺大型車。128〜132・328〜332・334〜336は前中引戸・逆T字型窓のエルガワンステップバス。05年式から冷房ユニットの形状が変わり、側窓がサッシレスとなった。911・931・932・1017・1147・1235・1261は前中4枚折戸・逆T字型窓のエルガワンステップバス。東京ベイシティ交通から（1147・1235はちばシティバス、1261は千葉内陸バスを経て）移籍した。

●PJ-LV234L1　　　　　　　　　（28）
　機関6HK1、軸距4800㎜の短尺大型車。前中引戸・逆T字型窓のエルガワンステップバスである。

●PKG-LV234N2　　　　　　　　（29）
　機関6HK1、軸距5300㎜の中尺大型車。前中引戸・逆T字型窓のエルガノンステップバスである。

●LKG-LV234N3　　　　　　　　（30）
　機関6HK1、軸距5300㎜の中尺大型車。前中引戸・逆T字型窓のエルガノンステップバスである。

●QPG-LV234N3　　　　　　　　（31）
　機関6HK1、軸距5300㎜の中尺大型

車。前中引戸・逆T字型窓のエルガノンステップバスである。

●QKG-LV234N3　　　　　　　　（3）
　機関6HK1、軸距5300㎜の中尺大型車。前中引戸・逆T字型窓・AT仕様のエルガノンステップバス。880は16年に「かぼちゃ電車バス」となった。

●QPG-LV290Q1　　　　　　　　（32）
　機関4HK1、軸距6000㎜の長尺大型車。前中引戸・逆T字型窓・AT仕様のエルガノンステップバスである。

●2DG-LV290N2　　　　　　　　（33）
　機関4HK1、軸距5300㎜の中尺大型車。前中引戸・逆T字型窓・AT仕様のエルガノンステップバスである。

●2PG-LV290Q2　　　　　　　　（34）
　機関4HK1、軸距6000㎜の長尺大型車。前中引戸・逆T字型窓・AT仕様のエルガノンステップバスである。

●2PG-LV290N3　　　　　　　　（35）
　機関4HK1、軸距5300㎜の中尺大型車。前中引戸・逆T字型窓・AT仕様のエルガノンステップバスである。

●2PG-LV290Q3　　　　　　　　（1）
　機関4HK1、軸距6000㎜の長尺大型車。前中引戸・逆T字型窓・AT仕様のエルガノンステップバスである。

●KL-LV780H2　　　　　　　　　（36）
　機関8PE1、軸距4150㎜の9m尺大型車。スイングドア・T字型窓のガーラHD-9。27人乗りの貸切車である。

●KL-LV781R2　　　　　　　　　（37）
　機関10PE1、軸距6150㎜の長尺大型車。折戸・T字型窓のガーラハイデッカー。60人乗りの高速車である。

●ADG-RU1ESAJ　　　　　　　　（38）
　機関E13C、軸距6080㎜の長尺大型車。折戸・T字型窓のガーラハイデッカー。60人乗りの高速車である。

●BDG-RU8JHAJ　　　　　　　　（39）

機関J08E、軸距4200mmの9m尺大型車。スイングドア・T字型窓のガーラHD-9。27人乗りの貸切車である。

●PKG-RU1ESAJ　　　（6・40・41）
機関E13C、軸距6080mmの長尺大型車。413はスイングドア・固定窓のガーラハイデッカー。後部トイレつき36人乗りの高速車である。559・560はスイングドア・T字型窓のガーラハイデッカー。52人乗りのリムジンバスである。414〜416・483〜485・577〜580・633は折戸・T字型窓のガーラハイデッカー。60人乗りの高速車である。

●QPG-RU1ESBJ　　　（42〜44）
機関E13C、軸距6080mmの長尺大型車。853〜855はスイングドア・固定窓のガーラハイデッカー。中央トイレつき28人乗りの高速車である。733・734・781〜784・851・852はスイングドア・T字型窓のガーラハイデッカー。55人乗りの貸切車である。739・740は折戸・T字型窓のガーラハイデッカー。58人乗りの高速車である。

●QTG-RU1ASCJ　　　（45）
機関A09C、軸距6080mmの長尺大型車。スイングドア・T字型窓のガーラハイデッカー。52人乗りのリムジンバスである。

●QRG-RU1ESBJ　　　（46〜48）
機関E13C、軸距6080mmの長尺大型車。906〜909・996〜999はスイングドア・固定窓のガーラハイデッカー。996〜998は中央トイレつき28人乗り、他は後部トイレつき41人乗りの高速車である。938・939・1018・1019・1079・1080はスイングドア・T字型窓のガーラハイデッカー。55人乗りの貸切車である。

●2DG-RU2AHDJ　　　（49）
機関A05C、軸距4200mmの9m尺大型車。スイングドア・T字型窓・AMTのガーラハイデッカー。27人乗りの貸切車である。

●2TG-RU1ASDJ　　　（50）
機関A09C、軸距6080mmの長尺大型車。折戸・T字型窓のガーラハイデッカー。60人乗りの高速車である。

●2RG-RU1ESDJ　　　（7・51）
機関E13C、軸距6080mmの長尺大型車。1165はスイングドア・固定窓のガーラハイデッカー。後部トイレつき41人乗りの高速車である。1167・1168はスイングドア・T字型窓のガーラハイデッカー。55人乗りの貸切車である。

NISSAN DIESEL / UD

●U-RM210ESN　　　（52）
機関FE6、軸距3850mmの短尺中型車。前中引戸・2段窓の富士ボディを持つツーステップバスである。

●KC-RN210CSN　　　（53）
機関FE6E、軸距3400mmの7m尺中型車。前中折戸・逆T字型窓の富士ボディを持つワンステップバスである。

●KC-RM211GSN　　　（54〜58）
機関FE6E、軸距4280mmの中型車。1471・1477・1535は前後引戸・2段窓の富士ボディを持つツーステップバスである。1155・1156は前中引戸・2段窓・自転車ラックつきの富士ボディを持つツーステップバス。日本中央バスから移籍した。1217は前中引戸・2段窓の富士ボディを持つツーステップバス。西武観光バスから移籍した。994・1001は前中折戸・2段窓の富士ボディを持つツーステップバス。東濃鉄道から移籍した。914は前中4枚折戸・2段窓の富士ボディを持つワンステップバス。西武バスから移籍した。

●KC-JP250NTN　　　（59）
機関FE6、軸距5560mmの10.5m尺中

型車。前中引戸・2段窓の富士ボディ
を持つワンステップバスである。

●KK-RM252GAN (60〜63)

　機関FE6Fの中型車。1122は軸距
4280mmで前中引戸・引き違い窓の富士
ボディを持つツーステップバス。名古
屋市交通局から移籍した。1263は軸距
4280mmで前中引戸・逆T字型窓の富士
ボディを持つワンステップバス。西
武観光バスから移籍した。946は軸距
4100mmで前面1枚ガラス・前中引戸・
逆T字型窓の西工ボディを持つノンス
テップバス。川崎市交通局から移籍し
た。1040・1041・1058は軸距4100mmで
前中引戸・逆T字型窓の西工ボディを
持つノンステップバス。船橋新京成バ
スから移籍した。

●U-UA440HSN (64)

　機関PF6、軸距4720mmの短尺大型
車。前後引戸・2段窓の富士ボディを
持つツーステップバスである。

●KC-UA440HSN (65)

　機関PG6、軸距4720mmの短尺大型
車。前中引戸・2段窓の富士ボディを
持つツーステップバスである。

●KL-UA452KAN (66〜70)

　機関PF6H、軸距4800mmの短尺大型
車。189〜193・216〜218は前中引戸・
逆T字型窓の富士ボディを持つワンス
テップバスである。814・815は前中引
戸・逆T字型窓の富士ボディを持つノ
ンステップバス。京浜急行バスから移
籍した。294〜299・1141は前中引戸・
逆T字型窓の西工ボディを持つワンス
テップバス。1141は西武バスから移籍
した。874・875・893・894・1089・
1102・1104は前中引戸・逆T字型窓の
西工ボディを持つノンステップバス。
西武バスから移籍した。1170・1171・
1187は前中4枚折戸・逆T字型窓の西

工ボディを持つワンステップバス。横
浜市交通局から移籍した。

●KL-UA452MAN (71・72)

　機関PF6H、軸距5300mmの中尺大型
車。1011・1012は前中引戸・逆T字型
窓の富士ボディを持つワンステップバ
ス。神奈川中央交通から移籍した。
1178・1197・1198は前中4枚折戸・逆
T字型窓の西工ボディを持つワンステ
ップバス。横浜市交通局から移籍し
た。

●KL-UA452PAN (73)

　機関PF6H、軸距5800mmの長尺大型
車。前中引戸・逆T字型窓の西工ボデ
ィを持つワンステップバスである。

●PKG-RA274KAN (74)

　機関MD92、軸距4800mmの短尺大型
車。前中引戸・逆T字型窓のスペース
ランナーRAワンステップバスである。

●PKG-RA274PAN (75)

　機関MD92、軸距5800mmの長尺大型
車。前中引戸・逆T字型窓のスペース
ランナーRAノンステップバスである。

●LKG-AP37FM (76)

　機関6M60、軸距5300mmの中尺大型
車。前中引戸・逆T字型窓のスペース
ランナーAノンステップバスである。

●KC-RA531RBN (77)

　機関RG8、軸距6180mmの長尺大型
車。折戸・引き違い窓のスペースアロ
ー。60人乗りの高速車・高速転用一般
路線車である。

●KL-RA552RBN (78)

　機関RH8、軸距6180mmの長尺大型
車。折戸・T字型窓のスペースアロ
ー。60人乗りの高速車である。

HINO

●BDG-RX6JFBA (79)

　機関J05D、軸距3550mmの小型車。前
中折戸・引き違い窓・中扉リフトつき

のリエッセ。五泉市「ふれあいバス」に使用されている。

●BDG-HX6JLAE　　　　　　　(80)

機関J05D、軸距4825㎜の小型車。2扉・逆T字型窓・AT仕様のポンチョである。

●SKG-HX9JLBE　　　　　　　(81)

機関J05E、軸距4825㎜の小型車。2扉・固定窓のポンチョ。新発田市「川東コミュニティバス」に使用されている。

●SDG-HX9JLBE　　　　　　　(82)

機関J05E、軸距4825㎜の小型車。2扉・逆T字型窓・AT仕様のポンチョである。

●2DG-HX9JLCE　　　　　　(83・84)

機関J05E、軸距4825㎜の小型車。003～005・1267・1268は2扉・逆T字型窓・AT仕様のポンチョ。003は西蒲区、004・005は西区の区バス、1267・1268は新潟市「観光循環バス」に使用されている。1225は1扉・固定窓・AT仕様のポンチョ。村上市「まちなか循環バス」に使用されている。

●U-RJ3HJAA　　　　　　　　(85)

機関H07D、軸距4490㎜の中型車。折戸・引き違い窓のレインボーRJスタンダードデッカー。自家用登録車を購入した45人乗りの貸切車である。

MITSUBISHI FUSO

●TPG-BE640G　　　　　　　(86)

機関4P10、軸距3995㎜の小型車。折戸・引き違い窓・AT仕様・後面リフトつきのローザ。新発田市「川東コミュニティバス」に使用されている。

●TPG-BE640J　　　　　　　(87)

機関4P10、軸距4550㎜の小型車。スイングドア・引き違い窓・AT仕様のローザ。27人乗りの貸切車である。

●PA-ME17DF　　　　　　　　(88)

機関4M50、軸距3560㎜の小型車。前中折戸・逆T字型窓のエアロミディMEノンステップバス。新発田市「あやめバス」に使用されている。

●U-MJ217F　　　　　　　(89～91)

機関6D16、軸距3510㎜の7m尺中型車。折戸・引き違い窓のエアロミディMJツーステップバス。179は側面表示器がなく、1312は側面表示器が最前窓の中、他は最前窓の下にある。

●U-MJ628F　　　　　　　(92・93)

機関6D17、軸距3710㎜の7m尺中型車。186はスイングドア・T字型窓のエアロミディMJハイデッカー。24人乗りの貸切車である。1183はスイングドア・固定窓のエアロミディMJハイデッカー。西日本JRバスから移籍した21人乗りの貸切車である。

●U-MK618J　　　　　　　　(94)

機関6D17、軸距4390㎜の中型車。折戸・引き違い窓のエアロミディMKスタンダードデッカー。自家用登録車を購入した45人乗りの貸切車である。

●U-MK626J　　　　　　　　(95)

機関6D15、軸距4390㎜の中型車。スイングドア・T字型窓のエアロミディMKハイデッカー。40人乗りの貸切車である。

●KC-MJ218F　　　　　　(96～98)

機関6D17の7m尺中型車。201は軸距3510㎜で折戸・引き違い窓のエアロミディMJツーステップバスである。1463・1465～1467・1491～1497・1536・1537・1582～1588は軸距3510㎜で前中折戸・引き違い窓のエアロミディMJツーステップバスである。41・43・44は軸距3490㎜で前中折戸・逆T字型窓のエアロミディMJワンステップバスである。

●KC-MJ629F　　　　　　　　(99)

機関6D17、軸距3710㎜の7m尺中型車。スイングドア・T字型窓のエアロミディMJハイデッカー。24人乗りの貸切車である。

●KC-MK219J　　　　　　　（100・101）
　機関6D17、軸距4390㎜の中型車。767～770は前後折戸・引き違い窓のエアロミディMKツーステップバス。知多乗合から移籍した。1004は前中折戸・2段窓のエアロミディMKツーステップバス。東濃鉄道から移籍した。

●KC-MK619J　　　　　　　　　（102）
　機関6D17、軸距4390㎜の中型車。折戸・引き違い窓のエアロミディMKスタンダードデッカー。自家用登録車を購入した40人乗りの貸切車である。

●KK-MJ26HF　　　　　　　（103・104）
　機関6M61の中型車。1226・1227は軸距5260㎜で前中引戸・逆T字型窓のエアロミディMJノンステップバス。京都市交通局から移籍した。83・84・103・104は7m尺・軸距3710㎜でスイングドア・T字型窓のエアロミディMJハイデッカー。24人乗りの貸切車である。

●KK-MJ27HF　　　　　　　（105・106）
　機関6M61・軸距3560㎜の7m尺中型車。前中折戸・逆T字型窓のエアロミディMJノンステップバス。586・638は丸建自動車から移籍した。

●KK-MK23HJ　　　　　　　　　（107）
　機関6M61、軸距4390㎜の中型車。折戸・引き違い窓のエアロミディMKスタンダードデッカー。自家用登録車を購入した45人乗りの貸切車である。

●KK-MK25HJ　　　　　　　　　（108）
　機関6M61、軸距4390㎜の中型車。前中引戸・逆T字型窓のエアロミディMKツーステップバス。名古屋市交通局から移籍した。

●KK-MK23HH　　　　　　　（109・110）
　機関6M61、軸距4375㎜の中型車。1139・1146は前中引戸・逆T字型窓のエアロミディMKワンステップバス。名古屋市交通局から移籍した。795～797は前中折戸・逆T字型窓のエアロミディMKワンステップバス。今井タクシーから移籍した。

●TKG-MK27FH　　　　　　　　（111）
　機関6M60、軸距4340㎜の中型車。前中引戸・逆T字型窓のエアロミディMKノンステップバスである。

●U-MP218P　　　　　　　（112・113）
　機関6D22、軸距6000㎜の長尺大型車。前後引戸・2段窓のエアロスターツーステップバス。1201は呉羽型、1435～1437・1439は三菱型のボディを架装されている。

●KC-MP217M　　　　　　　　　（114）
　機関6D24、軸距5300㎜の中尺大型車。前後引戸・逆T字型窓の西工ボディを持つツーステップバス。阪急バスから移籍した。

●KC-MP217P　　　　　　　　　（115）
　機関6D24、軸距6000㎜の長尺大型車。前後引戸・2段窓のエアロスターツーステップバスである。

●KC-MP317K　　　　　　　　　（116）
　機関6D24、軸距4800㎜の短尺大型車。前中引戸・逆T字型窓のエアロスター楽々ステップバスである。

●KC-MP747K　　　　　　　　　（117）
　機関6D24、軸距4800㎜の短尺大型車。前中折戸・逆T字型窓のエアロスターノンステップバス。日本中央バスから移籍した。

●KC-MP747M　　　　　　　　　（118）
　機関6D24、軸距5300㎜の中尺大型車。前中折戸・逆T字型窓のエアロスターノンステップバス。遠州鉄道から

移籍した。

●KL-MP33JM　　　　　　　　（119）
　機関6M70、軸距5300㎜の中尺大型
車。前中引戸・逆T字型窓のエアロス
ターツーステップバス。神奈川中央交
通から移籍した。

●KL-MP35JK　　　　　　　　（120）
　機関6M70、軸距4800㎜の短尺大型
車。前中引戸・逆T字型窓のエアロス
ターワンステップバスである。

●KL-MP35JM　　　　　　（121・122）
　機関6M70、軸距5300㎜の中尺大型
車。前中引戸・逆T字型窓のエアロス
ターワンステップバス。920〜922・
1085・1096〜1098・1190〜1192・1199
〜1202・1216・1252〜1254・1262は神
奈川中央交通・横浜神奈交バス、1177
・1179・1182・1219・1220・1231・
1236・1251は京阪バスから移籍した。

●KL-MP37JM　　　　　　（123・124）
　機関6M70、軸距5300㎜の中尺大型
車。1003は前中折戸・逆T字型窓のエ
アロスターノンステップバス。宇部市
交通局から移籍した。1193は前中引戸
・逆T字型窓のエアロスターツーステ
ップバス。横浜市交通局から移籍し
た。

●PJ-MP35JK　　　　　　　　（125）
　機関6M70、軸距4800㎜の短尺大型
車。前中引戸・逆T字型窓のエアロス
ターワンステップバスである。

●PJ-MP35JM　　　　　　　　（126）
　機関6M70、軸距5300㎜の中尺大型
車。前中引戸・逆T字型窓のエアロス
ターワンステップバス。神奈川中央交
通から移籍した。

●PKG-AA274PAN　　　　　　（4）
　機関MD92、軸距5800㎜の長尺大型
車。前中引戸・逆T字型窓のエアロス
ターAノンステップバスである。

●LKG-MP37FM　　　　　　　（127）
　機関6M60、軸距5300㎜の中尺大型
車。前中引戸・逆T字型窓のエアロス
ターノンステップバスである。

●QKG-MP38FM　　　　　　　（128）
　機関6M60、軸距5550㎜の中尺大型
車。前中引戸・逆T字型窓・AT仕様の
エアロスターノンステップバスであ
る。

●2KG-MP38FM　　　　　　　（129）
　機関6M60、軸距5550㎜の中尺大型
車。前中引戸・逆T字型窓・AT仕様の
エアロスターノンステップバスであ
る。

●U-MS821P
　機関8M20、軸距6150㎜の長尺大型
車。スイングドア・T字型窓のエアロ
バス。55人乗りの貸切車である。

●KC-MS829P　　　　　　　　（130）
　機関8DC11、軸距6150㎜の長尺大
型車。スイングドア・T字型窓のエア
ロバス。鏡浦自動車から移籍した53人
乗りの貸切車である。

●KC-MS822P　　　　　　（131・132）
　機関8M21、軸距6150㎜の長尺大型
車。1522・1523・1596・1597はスイン
グドア・T字型窓のエアロクィーン
Ⅰ。54人乗りの貸切車である。1533・
1534・1540はスイングドア・T字型窓
のエアロバス。55人乗りの貸切車であ
る。

●KK-MM86FH　　　　　　（133・134）
　機関6M60、軸距4200㎜の9m尺大
型車。スイングドア・T字型窓のエア
ロバスMM。27人乗りの貸切車で、
1108は大鉄観光バスから移籍した。

●KL-MS86MM　　　　　　　（135）
　機関8M21、軸距5400㎜の中尺大型
車。スイングドア・T字型窓のエアロ
バス。神奈中観光から移籍した55人乗

りの貸切車である。

●KL-MS86MP　　　　　　　（136〜141）

　機関8M21、軸距6150㎜の長尺大型車。261・262・311〜316はスイングドア・T字型窓のエアロクィーンⅡ。50・52人乗りの貸切車である。856・858はスイングドア・T字型窓のエアロクィーンⅠ。神奈中観光から移籍した53人乗りの貸切車である。1218・1224・1228はスイングドア・固定窓のエアロクィーンⅠ。名鉄観光バスから移籍した45人乗りの貸切車である。1006・1084・1100・1153・1154はスイングドア・T字型窓のエアロバス。1006・1084は神奈中観光、1100は鏡浦自動車、1153・1154は日本中央バスから移籍した53〜60人乗りの貸切車である。

●PJ-MS86JP　　　　　　　（142・143）

　機関6M70、軸距6000㎜の長尺大型車。362・364・419はスイングドア・T字型窓のエアロバス。55人乗りの貸切車である。363はスイングドア・T字型窓のエアロクィーンⅡ。50人乗りの貸切車である。

●BKG-MS96JP　　　　　　（144〜148）

　機関6M70、軸距6000㎜の長尺大型車。575はスイングドア・固定窓のエアロクィーン。中央トイレつき28人乗りの高速車である。576はスイングドア・固定窓のエアロエース。後部トイレつき34人乗りの高速車である。487・569〜573・629〜631はスイングドア・T字型窓のエアロエース。55人乗りの貸切車である。557・558はスイングドア・T字型窓・直結冷房のエアロエース。52人乗りのリムジンバスである。482はスイングドア・固定窓・直結冷房のエアロエース。後部トイレつき40人乗りの高速転用貸切車である。

●LKG-MS96VP　　　　　　　　（149）

　機関6R10、軸距6095㎜の長尺大型車。スイングドア・固定窓のエアロエース。中央トイレつき29・28人乗りの高速車である。

●TDG-MM96FH　　　　　　　　（150）

　機関6M60、軸距4200㎜の9m尺大型車。スイングドア・T字型窓・直結冷房のエアロエースショートタイプ。27人乗りの貸切車である。

●QRG-MS96VP　　　　（8・151・152）

　機関6R10、軸距6095㎜の長尺大型車。735〜738・786・787はスイングドア・固定窓・床下直結冷房のエアロエース。後部トイレつき28・27人乗りの高速車である。788・789はスイングドア・固定窓・屋根上直結冷房のエアロエース。後部トイレつき41人乗りの高速車である。732・779・780・850はスイングドア・T字型窓・屋根上直結冷房のエアロエース。55・50人乗りの貸切車で、850は「アルビレックス新潟」の選手輸送に使用されている。

●QTG-MS96VP　　　　　　　　（153）

　機関6R10、軸距6095㎜の長尺大型車。スイングドア・固定窓・屋根上直結式冷房のエアロエース。後部トイレつき41人乗りの高速車である。

●2TG-MS06GP　　　　　　（5・154）

　機関6S10、軸距6000㎜の長尺大型車。1245はスイングドア・固定窓・AMTのエアロエース。後部トイレつき27人乗りの高速車である。1246はスイングドア・T字型窓・AMTのエアロエース。55人乗りの貸切車である。

SCANIA

●ARTICULATED-BUS　　　　（2）

　機関DC9、軸距5190＋6760㎜の連節バス。オーストラリア・ボルグレン製ボディを持つノンステップバス。BRTの快速バスに使用されている。

新潟交通のあゆみ

text ■ 鈴木文彦　　photo ■ 新潟交通・鈴木文彦

　新潟交通は、新潟県下越地域を中心に、一般路線のほか新潟から各地への高速バスなどを展開している。現在、乗合バス430台、貸切バス6両を擁し、乗合バス免許キロ2,306.4km、社員数677人と、地方バス事業者としては大手に相当する。本社は新潟市に置かれ、新潟周辺地区の新潟東部、新潟西部、新潟南部、新潟北部、内野、入船の6営業所を拠点に、乗合・貸切バスを営業する。高速バスは新潟を起点に、仙台、山形、郡山、会津若松、東京、長野、名古屋、富山、金沢、京都・大阪への県外路線と、長岡、上越への県内路線を運行する。1980年代から取り組まれた分社化によって、佐渡島内は新潟交通佐渡（本社、両津、羽茂の3営業所）が乗合・貸切バスを全面的に担当、乗合バス46台、貸切バス27台を保有する。新潟交通観光バス（本社、京ヶ瀬、津川、潟東、村上、新発田、下関、勝木の8営業所）は乗合バス180台、貸切バス67台を保有し、新潟都市圏を除く下越地域の路線バスと新潟交通グループ貸切バスの大半を担当、高速バスは新潟を起点とする東三条、燕、巻潟東インターへの県内路線を運行する。

戦前

■下越と佐渡のバス事業黎明期

　新潟県下越・佐渡地域のバスは1913（大正2）年に佐渡の秀明館が運行した両津〜相川間が最初となる。1916（大正5）年から1925（大正14）年にかけて高津昇之助（のちに小木自動車）、渡部七十郎（のちに佐渡自動車商会を経て扶桑自動車商会）、羽茂自動車、山松商会など7者が開業、島内の主要道路を網羅する。
　下越では1919（大正8）年の村杉出湯自動車組合（水原）を最初に、1920（大正9）年に新潟市内初の新潟商会（のちに新潟自動車商会）、黒崎商会（のちに新潟乗合自動車）、菅谷自動車組合などが開業、大正年代のうちに新潟市街自動車、新発田市街自動車、佐藤光一（のちに両新自動車）などが開業した。

小木の市街地に停車中の小木自動車の乗合バス

白山駅前で待機する新潟市街自動車の乗合バス

　昭和に入ると、1927（昭和2）年に中ノ口川の汽船会社が母体となった白根自動車が開業したほか、1930（昭和5）年ごろまでに丸山勘一郎、小谷松イツ、下越乗合自動車、村上自動車商会などが開業している。1928（昭和3）年には新潟市街自動車と提携して新松交通遊覧が観光船と乗合バスを開業した。また1930年前後には佐渡外海府で初めての路線が渡辺政吉によって開業されたほか、三川では長谷川円治、津川では鈴木徳治が開業し、山間部にもバスが走るようになる。

■自主統合を経て新潟合同自動車へ

　昭和初期は小規模バス事業者同士の競合が激しく、新潟〜新発田間、新潟〜白根間、両津〜相川間などは競合の激しい区間として知られた。しかし次第に競合に疲弊し、経営が苦しくなると、いくつかの有力事業者に統合されていく。

　1つめは新潟自動車商会への統合である。同社は1929（昭和4）年までに新発田組合、竹屋自動車部など5社を買収し、白根、加茂、五泉、水原、新発田・赤谷方面をエリアにした。2つめは新潟乗合自動車への統合である。1927年に沢井潔ら個人業者を買収して、新飯田、水原、新発田とエリアを拡張するが、競合により経営的には厳しく、1930年の増資の際に、新潟財界の実力者でのちの新潟交通経営陣となる中野四郎太が経営参加した。このほか、両新自動車は1930年に坂井守を買収、瀬波自動車と村上自動車商会は合併して村上市街自動車となった。

　そのころ佐渡でも統合が進み、1929年に河原田〜小木間で競合していた小木自動車と羽茂自動車が合併して前佐渡自動車を設立、1931（昭和6）年には河口菊蔵と細野卯八が合同して赤泊自動車を設立した。さらに同年、両津〜相川間でしのぎを削った扶桑自動車商会と丸一自動車の合併に、前佐渡自動車が加わって佐州合同自動車が成立、1933（昭和8）年に佐渡乗合自動車と改称している。

　この間、1929年には中ノ口電気鉄道が設立され、1932（昭和7）年に新潟電鉄と改称されたのち、1933年に東関屋〜燕間の鉄道と県庁前〜東関屋間の軌道が完成、開業した。そして新潟電鉄も鉄道の擁護と培養の見地から、1935（昭和10）年に新潟〜三条、新飯田〜小須戸間などにバスの兼営を開始している。

　自主統合後の新潟周辺はまだ新潟自動車商会、新潟乗合自動車、新潟市街自動車、両新自動車、新潟電鉄が競合し、各社とも経営は厳しかった。これを憂慮した中野四郎太は新潟の交通界の統合を意図し、新潟乗合自動車に続いて新潟自動

新潟電鉄が1935年に購入したT型フォード

新潟合同自動車が1937年に購入したトヨタDA

車商会の増資、両新自動車の株式会社への改組の際に出資、中野の資本傘下となった3社は1932年に合併し、新潟合同自動車が成立した。このとき新潟乗合自動車から引き継いだ銀に青帯のカラーが、現在まで続く新潟交通のカラーとなる。

　新潟合同自動車は発足後、新潟県の斡旋によって新潟市街自動車と新松交通遊覧を合併し、1936（昭和11）年から1939（昭和14）年にかけて丸山勘一郎、月岡自動車商会など10者を吸収合併、西蒲原・北蒲原地域の統合を完了した。その間、白根自動車を合併する一方で中ノ口川沿いの路線は新潟電鉄に譲渡、新潟〜白根間は新潟電鉄に一本化された。1936年には貸切バスも営業開始している。

　さらに佐渡乗合自動車を傘下にするが、島民感情を刺激して折からの省営バス誘致論が台頭、その問題が収束した1937（昭和12）年に佐渡乗合自動車は新潟合同自動車に合併された。翌年にかけて渡辺政吉、山松商会を合併している。

■戦時統合により新潟交通成立

　戦況の変化により戦時統合の要請が強まり、1942（昭和17）年の通牒で新潟県内は県域を3ブロックに分けて統合する指針が示され、第1地区（北越地方）は新潟電鉄と新潟合同自動車の合併による新会社を統合主体とすることとなった。

　統合の方針が示されたことから、新潟合同自動車と新潟電鉄は合併して新潟交通（仮称）を新設することで合意した。新潟合同自動車はまず残る業者の買収による統合を行い、1941（昭和16）年から1943（昭和18）年にかけて新発田市街自動車、下越乗合自動車、赤泊自動車、村杉出湯温泉自動車、菅谷自動車、村上市街自動車などを買収、下越・佐渡のバスはほぼ新潟合同自動車に統合された。

　並行して進められていた合併準備が整い、1943年12月31日、新潟合同自動車と新潟電鉄は対等合併し、新会社として新潟交通株式会社が成立したのである。このときのバスの規模は、営業キロ約1,040km、車両数264台であった。

戦後

■天然ガスによる戦後の復興と佐渡の省営バス問題

　新潟は戦災に遭わなかったため、終戦直後のバスは老朽化してはいたものの使

七浦海岸を走る日産製のセミキャブオーバー

藤寄道付近を行く新潟～新発田間ビジネス急行

用でき、乗務員も復員していたが、ガソリンはもちろん、代燃車用の薪炭も少なく、燃料確保に苦労する状態であった。そこで着目されたのが、日本海沿岸に産する天然ガスであった。新潟交通では、天然ガスの自家生産をめざして1946（昭和21）年から掘削を始め、1947（昭和22）年には第1号井からガスが噴出、戦前からのガス車に供給して運行を開始した。天然ガスの自家生産が軌道に乗ったことにより、大きな経費節減ができたほか、他社が燃料不足から辞退した配給車両を引き受けられるなど、戦後の復興における意義は絶大であった。その後もガス井は増え、最盛期には佐渡も含め500台を超えるバスが天然ガスで走っていた。

　佐渡は終戦直後の疲弊が甚だしく、可動車両は15台にすぎなかった。そこへ民営バスの復興が行き届かない地域の交通確保の名目のもと、省営バスの佐渡進出が再び表面化した。佐渡では国に対する信頼と汽車への憧れが強く、政治的思惑も絡んで省営派が有力となった。新潟交通では佐渡を増車して増便し、信頼を高めることで省営論を抑え、1948（昭和23）年に省営バス進出は中止された。

■めざましいバス事業の拡大

　1947年には新車購入が始まって増える輸送需要に対応、1949（昭和24）年には一般貸切の免許が下りた。1948年には佐渡観光の振興のため、超豪華な車両による観光コースを設定した定期輸送を開始した。これが1954（昭和29）年に正式な佐渡定期観光バスに発展した。

　戦前の状況をクリアした1949年以降、路線は急速に拡張され、1950年代には山間の末端部まで路線網が延びていった。1951（昭和26）年には新潟市内に日本最初のバスステーションビルが完成、郊外線のターミナルとなった。また1953（昭和28）年にかけて中越自動車（現在の越後交通の前身）との競合がある西蒲原地区に加茂、三条、燕の出張所を新設、その後、新発田、村上にターミナルを兼ねた出張所を開設し、北部を強化した。1958（昭和33）年には国鉄新潟駅が現在地に移転新設されたのに伴い、市内線の起終点を同駅前に変更するとともに、現在も使用しているバスターミナルが設置された。1960（昭和35）年には新潟～新発田間ノンストップのビジネス急行が運行開始され、翌年には新潟～水原・月岡間、新潟～新津・五泉間、両津～河原田・相川間にも急行が設定された。

　貸切バスも1955（昭和30）年ごろからキャブオーバーの観光車が多数導入さ

1963年に大量増備された10.5m尺のいすゞBU10

市内線仕様の前中扉のワンマンカー日産UR690

れ、1956（昭和31）年には皇太子の新潟県下視察に合わせて日本初の氷冷房つきサロンバスが導入された。翌1957（昭和32）年以降、観光車はディーゼルのリヤエンジンバスとなった。1958年には新潟市内定期観光バスの運行が開始された。

■数々の試練を乗り越えて

1960年末からのいわゆる"36豪雪"では、新潟市内で半月間、ほとんどマヒ状態が続いた。1963（昭和38）年初頭に再び記録的な"38豪雪"に襲われ、ピークの2日間、バスは90％前後が運休した。1964（昭和39）年6月16日、新潟県北部沖を震源とするマグニチュード7.7の新潟地震が発生、新潟市内はバスが全面運休となった。翌日から郊外線の一部で運転を再開するが、バス約50台が破損・水没したうえ施設被害も大きく、完全復旧には約1カ月を要した。しかし懸命の運行努力により、臨時系統も設けて復旧輸送を確保、バスの信頼性を見せつけた。

一方、工業などを含む天然ガス採掘が地盤沈下につながっているとして、1959（昭和34）年に通産大臣勧告によるガス規制が始まった。1961（昭和36）年には全需要量の40％しか自家生産できなくなり、バス燃料は抜本的対策を迫られることとなった。このため新潟交通では、1961年に路線バスのディーゼル化を決め、1962（昭和37）年からは計画的にディーゼルリヤエンジンバス（いすゞ・日産・ふそう）を購入、天然ガスからの転換と大型化を進めた。天然ガス車がキャブオーバーであったことから、新潟交通では長年にわたってキャブオーバーが主役を務め、ボンネットバスはわずかしか存在しなかった特異な事業者であった。

このころ、輸送需要に応じた増発や早朝深夜への延長を図るにあたり、女性車掌の不足が顕在化、最初は運転士の応援で対処したが、1964年8月から新潟市内線（県庁前〜東港線・山ノ下線など）と急行新発田線で前乗り前払い方式ワンマンバスを運行開始した。その後、郊外線のワンマン化が進むが、市内線が前中扉でスタートしたのに対し、郊外線では前後扉車による後乗り後払い整理券方式が採用され、支払い方式が2本立てとなった。前後扉車では中央幕板に方向幕がつき、そこに車掌台窓タイプの引き違い窓がつく特異な仕様が採用されている。

■充実するバス事業

1960年代後半以降、新潟都市圏の拡大と郊外部のベッドタウン化に合わせて新

側面表示幕が独特だった前後扉のワンマン車

都市新バスで活躍した全長11m級の「銀太郎」

潟周辺の路線が充実され、1965（昭和40）年に新潟駅前〜内野線が開設されたのをはじめ、1974（昭和49）年までに船江町二丁目、曽野木団地、西小針・新潟大学、向陽二丁目などへの住宅路線が開発されている。西小針線、松浜線には通勤快速バスが設定され、1976（昭和51）年には西小針方面に深夜バス・早朝バスが運行されている。さらに1984（昭和59）年までに女池愛宕、流通センター、京王団地などに路線が延長された。営業所の移転新設も進み、1971（昭和46）年に青山出張所（のちに西部営業所）、1974年に南部営業所が新設された。

1976年からは低床バスも導入され、冷房化は1982（昭和57）年に開始された。1984年には西小針線にバスロケーションシステムと上屋つきバス停、バスレーンを組み合わせた都市新バスシステムが導入され、11m級の新車投入とともに「銀太郎」の愛称がつけられた。1985（昭和60）年には松浜線も同様のシステムを装備して、「銀太郎」となっている。同年末には市街地で小型バスによるショッピングバス「スニーカーＳ」古町循環線の運行が開始された。

貸切バスは1970（昭和45）年から高出力車の導入が始まり、ブラウン系で楔形（くさび）ストライプのカラーに変更された。1979（昭和54）年にはフルデッカーが導入され、現行の白地に"Ｎ"をグリーンでデザインしたカラーが採用された。1983（昭和58）年にはネオプランのダブルデッカーも採用された。定期観光バスは、1970年に弥彦地区、1978（昭和53）年に「越後豪農めぐり」が新設されている。

1973（昭和48）年、再開発が進められていた信濃川河畔の本社用地が万代シティとして生まれ変わり、テナントのダイエーが開業するとともに、本社ビル1階は万代シテイバスセンターとしてオープンした。その後、1975（昭和50）年には万代シルバーホテルが、1984年にはテナントの新潟伊勢丹が営業開始している。

■いち早く高速バス事業に参入

1978年秋、北陸自動車道が一部開通し、新潟県にも高速道路時代が訪れた。この機を逃さず新潟交通では、越後交通との相互乗り入れで新潟〜長岡間高速バスの運行を開始した。地方レベルでは最初の県内高速バスで、途中バスストップもクローズなしで乗降でき、特急列車なみのスピードに普通車の高速料金よりも安い運賃設定が人気を呼び、12往復でのスタートがすぐに増便となっている。1981（昭和56）年には単独で新潟〜東三条間を、北陸道の西への延長に合わせて越後

北陸道の開通とともに開業した高速バス長岡線　関越道の全通とともに開業した高速バス東京線

交通と新潟〜柏崎間を新設した。1983年には新潟〜燕・弥彦間を単独で始めたのち、越後交通に頸城自動車を加え新潟〜高田・直江津間を新設している。さらに県内高速バスは1985年に巻、1990（平成２）年に糸魚川（頸城自動車と）、1991（平成３）年に十日町（越後交通と）、1992（平成４）年に栃尾（越後交通と）、1993（平成５）年に新飯田、1994（平成６）年に磐越道の開通により五泉・村松（蒲原鉄道と）、1996（平成８）年に津川・上川と拡充されている。次第に沿線から新潟への通勤通学に利用されるようになったため、1980年代末ごろからは沿線自治体が高速バスストップに駐車場を設置し、パーク＆ライドも進められた。

　関越自動車道が関越トンネルの開通で全通したことから、1985年12月には西武バス・越後交通と共同で新潟〜東京池袋間関越高速バスの運行を開始した。昼夜各１往復で34人乗りトイレつき３軸スーパーハイデッカーを投入、当時としては最先端を行く高速バスであった。同路線は上越新幹線と並行しながら高い人気を博し、すぐに４往復、６往復と増便されている。1988（昭和63）年には北陸道の全通により、阪急バスと共同の新潟〜京都・大阪間夜行バス〈おけさ〉が開業、初めて３列シートが導入された。その後、1990年に山形線（山形交通と）、仙台線（JRバス東北と）、長野線（長野電鉄と）、1991年に金沢線（北陸鉄道と）、1993年に横浜・大和線（相模鉄道と）、1997（平成９）年に会津若松線（会津乗合自動車と）と県外路線も充実している。県内路線はその後、2000（平成12）年に妙高高原線が加わっている。このうち横浜・大和線と県内の栃尾線、妙高高原線は伸びがなく、比較的短期間で廃止されている。

■ローカルバスの改善と分社化の進行

　新潟交通も他地域よりは遅れたが、1980年代に入るころにはマイカー普及によるローカル利用者の逸走、鉄道の電化・増発による内野・新発田など主力路線の減少などが重なり、厳しい状況となってきた。山間部や佐渡では1982年にフリー乗降制を採用して利便性を向上させ、1984年には小需要路線に小型バス（いすゞMR）を大量導入し、コストダウンと冷房化によるサービスアップを図った。

　しかし抜本的な改善方策が必要となり、コストダウンと地域密着経営をめざした子会社を設立し、貸切代替バスに切り替えて路線を移管することとした。まず1986（昭和61）年に新交貸切バスと新交佐渡貸切バスを新設、当初は小型貸切バ

小需要路線向けに大量に導入されたいすゞMR

1980年代に新設された新潟空港リムジンバス

スで営業を開始して、1988年から一部路線の委譲を開始した。次第に委譲路線が広域化して規模が大きくなると、当初のメリットが薄れることから、1993年には新交北貸切バスと新交西貸切バスを設立、北部と西部の路線を委譲した。この結果、新潟都市圏に乗り入れる路線を本体が運行し、外側は子会社の貸切代替バスとなっている。1994年に新交佐渡貸切バスが乗合免許も持つ新潟交通佐渡に発展し、乗合バスもすべて本体から委譲され、佐渡全体を引き受けることとなった。

　1998（平成10）年には県内高速バスのうち津川・上川線が新交貸切バスに全面移管されたほか、東三条、燕、弥彦、巻、新飯田の各線は新交西貸切バスに移管された。2000年からは大型貸切バスも一部が3社に譲渡されている。

■新時代に対処して新たなバス体系を

　経営環境の変化に対応するため、新潟交通では地域による工業団地などの開発にリンクさせて、その一角に広い集約営業所を確保し、併せて地区の足確保・活性化に貢献した。1986年に新潟南部営業所を移転新設したのを皮切りに、1989（平成元）年には新潟北部営業所を新設して松浜営業所を廃止、1991年には新潟西部営業所を移転し、1992年には新潟東部営業所を新設して山ノ下営業所を廃止したほか、京ヶ瀬営業所を新設して水原・新津営業所を廃止した。1993年には内野営業所を移転、1994年には白根・巻営業所を統合して潟東営業所を新設した。

　1985年の県庁移転に伴う第1次を最初に、これらの営業拠点の変化と合わせて数次にわたる新潟地区の路線編成が行われたほか、北方文化博物館行き急行バス、五泉行き急行バス、免許センター線、新潟空港リムジンバスなどが新設された。一方、1992年にはローカル路線の大幅な廃止も実行された。著しく経営の悪化した電鉄線については、1992年に軌道区間の白山前～東関屋間が廃止され、東関屋に乗り継ぎバスターミナルが新設された。その後、電鉄線は1993年の月潟～燕間廃止、1999（平成11）年の東関屋～月潟間廃止によって全廃となり、全面バス化されたため、東関屋のターミナル機能はなくなっている。

　サービス面では1991年にバスカードシステムを導入、1993年には全国でも珍しい県内高速バス専用共通カードを導入した。車両面では1990年から屋根の部分を赤く塗装するデザインに変更、1998年にはワンステップバス、1999年にはツーステップながらステップ段差の小さな楽々ステップバス、ノンステップバスが導入

乗合バスも運行することになった新潟交通佐渡　新潟市に登場した観光循環バス「ドカベン号」

された。2000年から新潟駅万代口から半径1km の区間における100円運賃、2001（平成13）年には600円上限運賃の試行もスタートした。

近年

■高速バスの変化

　新潟を中心とした高速バスはその後も好調に推移した。とくに東京線の伸びは著しく、2001年に8往復に増便したのち、2006（平成18）年には1時間に1本の16往復に増便、同時に女性専用車の運行を開始し、2012（平成24）年には夜行便を新宿駅西口まで延伸した。2013（平成25）年には新潟・長岡～大宮・新宿線を追加、これを2017（平成29）年には東京線と統合し、2019（平成31）年には大宮駅西口発着便を終了した。2014（平成26）年には東京線をすべて3列シート車両に統一している。また京都・大阪線にも2005（平成17）年に昼行便を新設した。

　仙台線は磐越道ルートに変更したのち、2001年に6往復、2008（平成20）年に8往復に増便し、夜行便を新設した。県外路線はその後も2003（平成15）年に富山線（富山地方鉄道と）、2004（平成16）年に郡山線（福島交通と）、2005年に名古屋線（名鉄バスと）、高崎線（日本中央バスと）を新設した。また2002（平成14）年には日本海東北道の聖籠・新発田～中条間開通により、山形線のスピードアップと新潟交通北による村上線の開業が実現した。2014年前後には各路線とも新潟市内の経路が見直され、万代シテイと新潟駅前のみの停車としたほか、2016（平成28）年前後に順次、幅運賃を導入している。

　一方、拡大を続けていた県内路線は、2010（平成22）年の糸魚川線からの撤退を皮切りに適正化の方向性となり、2011（平成23）年に弥彦、2014年に柏崎線、十日町線、五泉・村松線、2015（平成27）年に新飯田線、2016年に村上線、津川・上川線から撤退した（新潟交通観光バス運行分も含む／糸魚川線、柏崎線、十日町線、五泉・村松線は共同運行会社のみの運行に）。巻線は巻潟東インター駐車場までに短縮、長岡線などでも一部減便が行われている。県外路線も高崎線からは2013年に撤退している。なお、新潟市との協力により2011年以降、県内高速バスの一部の便を新潟空港に延長する実験を行っている。

小型車を使った通勤直行バス「南快ライナー」

巻地区で実施されたJR越後線接続バス増便実験

　2004年10月に発生した中越地震は、関越道の被害が大きかったため、当初、磐越道迂回など東京線に影響が生じた。しかし関越道再開後はむしろバスの真価を発揮し、不通となった上越新幹線の振替客をさばき、長野線や郡山線は迂回ルートとして活用された。また上越新幹線代行バスには幹事会社としてかかわり、グループの総力をあげて貸切バスを多数提供した。

■路線バスの工夫と地域とのタイアップ

　路線バスにおいても、2000年代には高齢者「おでかけパス」、通学定期券「スクールパス」、「環境定期券」など利用しやすい制度を導入、2005年にはWeb版バス時刻案内サービスを開始した。

　新潟都市圏では2001年に新潟駅前〜万代シテイ〜古町間「新潟TMO買い物バス」の試行運行を開始、2002年には新潟みなとトンネルと柳都大橋（りゅうと）の開通により、それらを経由する路線を新設した。2003年にはコンベンションセンター「朱鷺メッセ（とき）」のオープンにより、佐渡汽船線が朱鷺メッセ経由となった。また同年には新潟市観光循環バス「ドカベン号」、「犬夜叉号」の試験運行を開始、好調に推移したため、2004年から小型ノンステップバスにより通年運行している。2003年12月には古町〜新潟駅前間にJR線のダイヤに合わせた深夜バスを運行、その後も年末には実施したほか、2006年には学校町直通「モーニングライナー」を7路線開設、2007（平成19）年には駅南方面の7路線を追加している。また2017年にはピアBandaiから沼垂・湊地区、古町を循環する「みなと循環線」を新設した。

　このほか新潟市など沿線とのタイアップで、2006年に「弁天線のバス利便性を向上させる社会実験」、「白根線急行バス快適利用社会実験」を実施、2012年に通勤直行バス「南快ライナー」や巻地区での「JR越後線接続バス増便実験」などを行った。新潟都市圏以外でも、新発田市の月岡イベントバス、市内循環バス、村上市の観光周遊バスなど複数の事例が見られる（運行は一部新潟交通観光バス）。

■規制緩和時代に向けた組織改正

　1990年代まで貸切バス事業とローカル路線バスを分社3社に移管し、効率化を図ってきたが、2000年に貸切バス、2002年に乗合バスと規制緩和が続き、事業環境が厳しさを増すなか、より実態に即した事業形態とするため、貸切バス部門と

新発田市で運行されていた月岡イベントバス

小型バスで運行された村上市の観光周遊バス

新潟都市圏を除く乗合バスを、分社3社に乗合免許を取得させて移管することとなった。そして2002年4月には新交北貸切バスは新潟交通北、新交貸切バスは新潟交通観光バス、新交西貸切バスは新潟交通西に改称された。これにより本体の貸切バスは最小限の保有となって、観光バス部と新発田、京ヶ瀬、潟東の営業所を廃止した。その後、新潟都市圏の強化、郡部での路線縮小などの変化に合わせて事業所の統廃合が行われ、本体は2004年に中部営業所を廃止して東部営業所に移管、新潟交通観光バスは2005年に三川営業所を廃止して津川に統合した。

　経営環境がさらに厳しくなり、分社3社の路線や貸切の縮小が行われるなか、管理部門を別に置く非効率も顕在化したため、2007年4月には新潟交通北、新潟交通観光バス、新潟交通西を合併、新潟交通観光バスを存続会社とした。その結果、新潟都市圏の路線と高速バスを新潟交通、新潟都市圏以外の路線と貸切バス、県内高速バスの一部を新潟交通観光バス、佐渡の路線と貸切バスを新潟交通佐渡が行う形に整理された。このとき巻営業所を閉鎖、新潟交通観光バスになって2008年に加茂、2013年に弥彦、三条、2015年には中条、五泉を閉鎖した。

■新潟市との協力体制

　新潟市は日本海側随一の都市として発展し、2005年には周辺3市4町5村を合併、2007年4月に政令指定都市となった。このころの新潟市は、中心部では自家用車の増加により深刻な交通渋滞が発生、周辺部ではマイカーへの転移が進み、バス利用者の減少によりバスサービスは低下傾向にあった。新潟市では地域の生活交通を確保するため、地域バスへの取り組みを積極的に進めた。新潟市の地域バスの特徴は、各区の区役所主導で新たな移動ニーズや区のまちづくりに対応するため、一定の利用を条件として運行する「区バス」と、住民が計画・運営に主体的にかかわり、交通事業者・市との三者協定にもとづいて運行する「住民バス」の2つの方式で実施されていることである。2007年から順次スタートした「区バス」のうち、西区の1ルートを新潟交通、東区の2ルート、江南区の1ルート、南区の6ルート、西蒲区の1ルートを新潟交通観光バスが運行する。

　「住民バス」は地域でバス運営委員会が組織され、運営委員会に対して運行経費の一部（70％上限）を市が助成するもので、2007年に新潟島地区のしも町循環バス「にこにこ号」、2008年に坂井輪コミュニティバス「Qバス」を運行開始し、

50

| 新潟交通観光バスが運行する東区の区バス | 2008年開始の坂井輪コミュニティバス「Qバス」 |

追って佐潟地区、内野上新町地区、島見町・太郎代地区、両川地区、大江山地区が新潟交通、月潟地区が新潟交通観光バスの受託でそれぞれ運行されている。

■オムニバスタウン新潟

　新潟市は2007年度にオムニバスタウンの指定を受け、新潟市と新潟交通グループなどが共同でさまざまな取り組みを開始した。「便利で・乗りやすく・わかりやすい」バスの実現をスローガンに、ノンステップバスの導入、バス停上屋の整備、バスロケ・PTPSの拡充、パーク＆ライド実証実験などが進められてきたが、都心部においてサービスレベルの高い基幹公共交通軸を構築し、公共交通の地位を高める考え方を推進するなかで、2007年11月には新潟駅前・南口と古町、県庁、新潟市民病院などを結んで循環する５系統の基幹バス「りゅーとリンク」が開業、専用デザインの長尺ノンステップバスが投入された。

　2009（平成21）年３月には新潟駅南口新バスターミナルを供用開始、４月から南口と新潟空港を結ぶリムジンバスが開業した。2011年にはオムニバスタウン事業の一環として取り組まれていたICカードが「りゅーと」の名で導入された。2012年７月までに新潟市中心部に乗り入れる全路線で使用可能となり、定期券も発売、2013年３月には全国10交通系ICカードの片乗り入れに対応した。2018（平成30）年12月には他社を含めた県内高速バスもICカードに対応している。

■新潟市BRT「萬代橋ライン」の登場

　政令指定都市移行直後の2007年度に策定された「にいがた交通戦略プラン」で、一般のバスよりも質の高い公共交通のサービスレベルを確保した都心部の「基幹公共交通軸」、周辺部から都心への「都心アクセス」、周辺各地の生活移動をカバーする「地域内の生活交通」の“３つの柱”を整備することによる都市内交通体系の基本概念が表明された。これに沿って「基幹公共交通軸」について複数のモードを比較検討、2012年２月には「BRTを早期に導入し、将来的にLRTへの移行を判断」するとする新交通システム導入基本方針が公表された。

　そして2012年度には運行予定事業者の選定委員会が新潟交通を選定、まず第１期導入区間として新潟駅前〜青山間をBRTとして整備し、車両は連節バスを導入、併せて全市的なバス路線再編を行うことを決めた。こうして2013年度には

萬代橋を行く基幹バス専用デザインの長尺車

ベンツ車を使用して行われた連節バスの試走

　新潟市と新潟交通が基本協定を締結し、具体的な運行計画に着手した。この時点では運行開始は2014年度と見込まれたが、実際の運行までには市民の一部の反対などのハードルがあり、2015年9月にずれ込むことになった。

　BRTの第1期区間は新潟駅前〜青山間約7㎞で、途中14駅を置き、新潟駅前、市役所前、白山駅前、青山の4駅は「交通結節点」として待合・乗継環境を整備、情報案内システムが導入された。青山はイオンSCの協力により建物内に待合スペースがある。このBRTを「萬代橋ライン」と名づけ、バス停などとトータルデザインの連節バス4台と大型ノンステップバスで高頻度運行し、代わりに周辺部からの路線は「萬代橋ライン」への乗り継ぎをベースに再編、新潟市中心部での輻輳を整理して効率化、余力をフィーダーの増便や路線新設による拡充に回し、トータルでのサービス向上を図った。朝夕の多客時間帯は中心部まで運行するダイレクト便が確保されている。ICカードによる乗継運賃制度も採用された。

　事業スキームは「公設民営方式」で、新潟市が交通結節点を整備して連節バスを購入、新潟交通に連節バスを貸与し、その施設・車両を使用してバスサービスを提供している。運行・運営については新潟交通の責任において行い、新潟市は環境整備に徹して赤字補填を行わない。「萬代橋ライン」開業後、BRT区間のみならず、市内全域でバス利用者の増加が見られ、白山駅でのJR線との乗り継ぎなど新たな流れもできてきている。

　2020年度以降、BRT計画は第2期に向けた動きとなり、新潟駅の南側、ビッグスワンスタジアムを経て市民病院までのBRT化と、新潟駅連続立体化と高架下交通広場の完成による南北一体化などが予定されている。「萬代橋ライン」自体も専用レーンの拡張、一般車両のイメージアップなど、さらに改善が見込まれる。しかしいずれにせよ、オムニバスタウン事業からBRTにつながる事業展開のなかで、新潟市の交通政策との緊密な協働関係ができたことは大きく評価されよう。新潟都市圏以外の下越地区や佐渡でのバス事業は依然厳しいものがあるが、日本海側のバス事業者の雄として、今後も新潟交通グループ力が光ることであろう。

参考＝『新潟交通20年史』、新潟交通提供資料

すずき・ふみひこ◎1956年、甲府市生まれ。東北大学理学部地理学科卒業、東京学芸大学大学院修士課程（地理学）修了。以後、交通ジャーナリストとして活躍し、バス・鉄道に関する著書・論文など多数。

新潟交通バスのいる風景

photo■ 編集部

萬代橋を渡るBRT萬代橋ラインの連節バス。1929年に竣工した萬代橋は国の重要文化財に指定されている

白山神社の鳥居を横目に走る新潟市観光循環バス。市内中心部の見どころを結び、一周約50分で運行される

新潟空港の管制塔をバックに新潟駅をめざすリムジンバス。全線一般道を走るが、高速タイプの車両を使用

朝もやの阿賀町内を走る丸渕線。阿賀野川の支流をさかのぼる津川地区の路線はすべて土日祝日運休である

阿賀野川の堤防を快走する亀田・横越線。左岸にあった新津市は、2005年の合併で新潟市に編入されている

月岡の温泉街と豊栄駅を急行運転で結ぶシャトルバス。月岡温泉観光協会が運行費用の一部を補助している

荒々しい海岸線が11㎞続く "笹川流れ"。村上・寒川線は平日2往復、うち1往復は寒川・府屋線に接続

豪商・豪農の館「渡邉邸」は関川村役場の正面。下関から四方に延びるローカル路線のバスが館の前を通過

月布施の集落を行く東海岸線。観光資源に恵まれた佐渡だが、島の東側をたどるのは素朴な生活路線である

新潟交通バスを乗り継いで

新潟・佐渡の伝統と文化を体感する

▲明治時代の末に創業し、かつては遊郭だった
「金沢屋旅館」を横目に両津の町を走る南線

◀（上）古町芸妓とお座敷遊び「たる拳」を体験

（下）小木ではたらい舟に乗って港の中を一周

text ■ 谷口礼子　　photo ■ 編集部

　本州の日本海側で唯一の政令指定都市である新潟は、佐渡の鉱山や海の幸に恵まれ、古くから北前船の廻船業で栄えた水の都だった。銀のボディに赤い屋根の新潟交通のバスに乗り、水に翻弄されたかつての人々の暮らしや、彼らが守った故郷の姿を知る旅に出よう。長い歴史の中で育まれた多彩な伝統と文化は、今も地域を愛する人たちによってしっかり受け継がれている。

たにぐち・れいこ◎1983年、横浜市生まれ。早稲田大学文学部卒業。オリオンズベルトに所属し、女優・ライターとして活動する。

プロローグ

| 高速
東京線 | バスタ新宿22：40
新潟駅前 4：37 |

夜行バスで都心から新潟へ一直線

　22時過ぎのバスタ新宿で、編集長の加藤さんと待ち合わせた。「昔だったらみな夜行列車ですね、ここは上野駅か東京駅か」と加藤さん。全国各地へのバス発車のアナウンスがひっきりなしに流れる待合室で、眠そうに待つ人や賑やかに待ち合わせをする人たち。確かに鉄道駅の喧騒は場所を変えて受け継がれている。新潟交通の緑と赤のラインが入った3列シートの高速バスは、定時に新宿を出発した。

　新潟駅前には早朝4時台の到着である。イチョウの葉が色づく閑散とした街に降り立つと、身震いするほどの寒さだった。この日の新潟は初霜が観測され、今年一番の冷え込み。白い息を吐きながら駅に向かうと、解体予定の新潟駅の旧駅舎はまだそこにあった。昭和を感じさせるコンクリートづくりの駅舎とは、もうすぐお別れである。

旧笹川家住宅

| 萬代橋
ライン | 新潟駅前 8：10
青山 8：38 |

| 味方線 | 青山 8：45
笹川邸入口 9：19 |

電車廃線跡をたどり大庄屋の邸宅へ

　通勤通学客が行き交う午前8時の新潟駅で、寒さ対策に使い捨てカイロを買い求め、最初のバスを待った。スウェーデン・スカニア製の真っ赤な連節バスは、駅前の古い櫛形のバスターミ

乗車路線・区間・時刻・車両

【1日目】
バスタ新宿22：40
　⇩高速バス東京線／H735（東部）
新潟駅前 4：37
新潟駅前 8：10
　⇩萬代橋ライン／004（西部）
青山 8：38
青山 8：45
　⇩味方線／H1012（潟東）
笹川邸入口 9：19
笹川邸入口11：04
　⇩味方線／H936（潟東）
緑ヶ丘病院前11：09
緑ヶ丘病院前11：15
　⇩大野・白根線／H1197（潟東）
白根桜町11：20
白根桜町12：40
　⇩大野・白根線／H936（潟東）
古町13：35
北方文化博物館新潟分館前15：27
　⇩観光循環バス／H1268（入船）
歴史博物館前15：39
湊町通二の町16：54
　⇩みなと循環線／H1064（入船）
ピアBandai16：58
ピアBandai19：01
　⇩佐渡汽船線／H660（内野）
佐渡汽船19：05

▼高速バス東京線の昼行1往復と夜行便は、池袋駅東口に加えバスタ新宿にも発着。22時40分発の新潟交通担当便で新潟をめざす

▲新潟駅前からBRT萬代橋ラインに乗車。青山で味方線に乗り継ぎ中ノ口川沿いを行く

▲「旧笹川邸住宅」の前、中ノ口川の土手には1999年に廃止された電車の廃線跡が……

▼江戸時代の文政年間に建てられた笹川家の主屋。全国有数の規模を持つ大庄屋住宅だ

ナルではなく、ロータリーを回って到着する。全長18mの車体は、バックが難しいのだ。長い列をなす乗客のほとんどが通勤客で、あっという間にバスに吸い込まれていく。私もPASMOを手に乗り込んだ。立ち客が出るくらいの込み具合で発車。赤く塗られたバスは優先レーンを走る。車内にはモニターで行き先が見やすく表示され、段差にはLEDライトが光っている。ピッピーという扉の開閉音が、いかにも外国のバスといった雰囲気だ。後部座席の頭上には、緊急脱出用のハンマーが取り付けられていた。「日本と違って、非常口を設けない代わりに、緊急時は窓を割って外に出るようになっているんです」という加藤さんの解説だ。

　車窓はやがて街から郊外へと変わった。このバスが走る道には昔、新潟交通の電車が走っていて、青山付近の線路跡は遊歩道として整備されている。青山で乗り換えた味方線の行き先「月潟」も、電車の駅のひとつである。つまりこの味方線も、廃線跡に沿って走る路線なのだ。中ノ口川に沿って走ったこの鉄道は、もともと中ノ口川に就航していた蒸気船が置き換わったものだという。蒸気船から鉄道、そしてバスへ。今もバス停の名前は、鉄道時代の駅名をそのまま受け継いでいた。

　「旧笹川家住宅」の目の前にある中ノ口川の土手が、1999（平成11）年まで走った電車の廃線跡だった。草で覆われているが、確かに鉄道の面影を残す地形に興奮である。笹川家は300年以上にわたって周辺の８つの地域の庄屋を束ねた大庄屋で、広大な敷地に、迷うほどの部屋数がある屋敷が建っている。中ノ口川は信濃川の支流で、昔から水害が多かった。笹川家は新田開発

に力を入れた功績があり、「米」という文字をデザインした襖に、この家の人々が代々、大切にしてきたものを感じる。葉を落として熟した実だけが残る柿の木や、赤く色づいた紅葉に囲まれながら、豪農の暮らしを想像した。

▲表座敷の広間から三の間、二の間を望む。襖の柄は「米」の字をデザインしたもの

しろね大凧と歴史の館

味方線	笹川邸入口11：04 緑ヶ丘病院前11：09
大野・白根線	緑ヶ丘病院前11：15 白根桜町11：20

伝統を受け継ぐ地域の祭りに感動

　朝は晴れていた空が薄曇りになり、一段と冷え込んできた。バスの中でも窓際から冷気がじんわり伝わってくる。私はカイロを握りしめながらバスに揺られた。緑ヶ丘病院で乗り継いだバスは横浜市営バスの中古車で、ベイブリッジとマリンタワーの柄のシートがそのままだ。港町から港町に移籍したバスが愛おしい。白根桜町で下車。「しろね大凧と歴史の館」までは歩いて10分ほどである。

　白根という地名は中ノ口川を挟んで両岸にあり、互いの田畑に凧を落とし合ったのが起源と伝わる「白根大凧合戦」は300年の歴史を誇る。地域に伝わる伝統的な絵柄をつけた大凧を両岸から揚げ、空中で綱を絡ませて引き合い、相手の綱を引きちぎったほうが勝つという荒々しいルールである。ここでは合戦のドキュメンタリー映像をミニシアターで鑑賞した。３Ｄメガネつきの迫力ある映像で祭りの中に飛び込むことができる。本気で戦い、力を合わせて綱を引く地域の人たちの顔を見ているだけで、身体が熱くなってくる

▲笹川邸入口から再び味方線に乗車。大野・白根線に乗り換えて中ノ口川の右岸に渡る

▲「しろね大凧と歴史の館」に入館。高さ15mのドームで24畳大の大凧が迎えてくれる

▲館内には風洞実験室があり、学芸員の手を借りながら凧揚げを楽しむことができる

▼白根桜町から乗ったバスは急行新潟駅前行き。下鳥屋野以北は主要バス停のみに停車

▼大正時代に建てられた「旧齋藤家別邸」。庭園と建物を一体ととらえた開放的な建築

ようだ。祭りを愛し、地域の伝統を守る人たちの姿が眩しかった。

旧齋藤家別邸

大野・ 白根線	白根桜町12：40 古町13：35

歴史ある芸妓の文化と柳都情緒を堪能

　新潟駅行きは「急行」の表示を出していた。7人ほどの主婦やサラリーマンを乗せ、白根の市街地を抜けると、冬枯れの田んぼが広がった。白鳥が5羽、真っ白な羽を休めている。見ればあちこちに白鳥が。今年も冬を越すためにはるばるやってきたのだろう。

　「急行」は下鳥屋野以降、主要なバス停だけに停まり、降車のみの扱いとなる。乗客は15人ほどに増えていたが、車内はしんとしている。バスはスピードを上げ、まっすぐ駅をめざした。陰っていた日差しが少し注ぎ始め、すれ違う新潟交通のバスの車体が鈍い銀色に光る。県庁前を過ぎると、降りる人がめだち始めた。街路樹はみな葉を落とし、冬の装いである。信濃川の河口近くに架かる長い橋を渡ると、バスは町なかをぐるぐると走り、乗客を降ろして回った。私たちはほぼ時刻どおりに、古町でバスを降りた。

　紅葉が美しい庭園に建つ「旧齋藤家別邸」は、新潟の三大財閥のひとつで豪商の齋藤喜十郎が、1918（大正7）年に贅を尽くして建てた別荘である。ここで月に数回開かれる「新潟花街茶屋」（予約制）では、「新潟古町芸妓」を体験できる。豊かな米どころである新潟は、江戸時代から北前船の寄港地として栄え、古町は料亭が軒を連ねる歓楽街だった。当時は町なかに張り巡

らされた堀端の柳の下を芸妓（振袖さん・留袖さん）が行き交う美しい風景が見られ、新潟美人の象徴である芸妓は、最盛期には300人以上が活躍したという。その風景から新潟は"柳都"とも呼ばれたそうだ。今は時代の変遷に合わせ、伝統を絶やさないために株式会社化された養成組織と派遣会社があり、18歳以上の社員が芸妓として芸を磨きながら、お座敷だけでなく地域振興やPRも含めた活動を行っている。

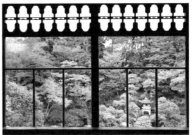

　お座敷体験には振袖さんが2人、唄と三味線のお姉さんが2人登場した。お座敷唄に合わせた踊りの鑑賞から、お座敷遊びのひとつ「たる拳」に参加したり、芸妓の衣裳や歴史の説明を受けたりという50分ほどのコースで、料亭での宴席に縁のない私でも気軽に楽しめた。芸妓と言えば有名なのは京都の祇園だが、古町芸妓は祇園とはまた違う衣裳や髪型の決まり、しきたりがある。普段の生活や稽古のことも聞くことができた。今では新潟出身者だけではなく全国からの志望者が活躍している。新潟訛りが交じるという花柳界言葉が可愛らしいが、芸やおもてなしへの意識は一流である。お座敷体験のあとは和菓子とお抹茶でひと息つきながら、紅葉があふれんばかりの回遊式庭園の美を味わいつくした。

▲邸内で開かれる「新潟花街茶屋」では、古町芸妓の舞とお座敷遊びを3,000円で体験できる。お座敷のあとには庭園の紅葉を楽しみながら、和菓子と抹茶をいただいた

▼豪農・伊藤家の別邸だった「北方文化博物館新潟分館」の前から観光循環バスに乗車

みなとぴあ

観光循環バス	北方文化博物館新潟分館前15：27 歴史博物館前15：39
みなと循環線	湊町通二の町16：54 ピアBandai16：58

水の都と呼ばれた港町の変遷を学ぶ
　閑静な住宅街の中にあるバス停・北

▲２代目新潟市庁舎をモチーフにした博物館本館で、水害を克服しながら農業・漁業を発展させてきた新潟の歴史を学習。同じ敷地にある「旧新潟税関庁舎」も見学する

▼湊町通二の町まで歩き、「Negicco」ラッピングのみなと循環線でピアBandaiまで

方文化博物館新潟分館前でバスを待つ。「北方文化博物館」は旧横越町の阿賀野川畔に建つ越後随一の大地主・伊藤家の屋敷で、ここはその別邸だったという。下校の小学生がランドセルを揺らしながら寒そうに帰っていく。

やってきたのは可愛らしい猫のイラストが描かれたミニバス。新潟市中心部の観光スポットを一周50分ほどで回る観光循環バスだ。運転士の桐生忠広さんのアナウンスが丁寧である。

約10分の乗車で信濃川沿いにある歴史博物館前に到着。川向こうには佐渡汽船の船着き場が見える。「みなとぴあ（新潟市歴史博物館）」の常設展示を見学。海と川に囲まれヨシが生い茂る湿地帯だった新潟が、治水によって水害を克服した歴史を詳しく学んだ。

同じ敷地内にある「旧新潟税関庁舎」（国重要文化財）は1869（明治２）年に建てられたもので、鎖国日本が最初に開港した五港（長崎・函館・横浜・神戸と新潟）の税関庁舎としては唯一、現存するものである。日本建築の技術で洋風をまねてつくられた"偽洋風建築"で、白黒のコントラストが美しいなまこ壁、べんがら塗装と瓦の鮮やかな赤が、やや小雨のぱらつく信濃川河口の広い空に映えている。開港からちょうど150年。当時の人も見た新潟の顔が今も健在なのは素晴らしい。

夕闇迫る湊町通二の町のバス停からみなと循環線に乗る。信濃川の東西にある新潟市の繁華街を結んで走る路線だ。小さなバスには、新潟県のご当地アイドル「Negicco」デザインのラッピングが施されていた。車内にあるという３人のメンバーのサインを探そう。「ピアBandai」に着くころにはすっかり夜の街であった。

新潟港・両津港

| 佐渡
汽船線 | ピアBandai19：01
佐渡汽船19：05 |

新鮮な海の幸を味わい汽船で佐渡へ

　かつては魚市場だった場所にあり、新潟の特産品を取り揃える観光拠点施設「ピアBandai」に、「佐渡回転寿司弁慶」を訪ねた。これから渡る佐渡の魚を先取りだ。日本海は今、海産物の旬である。寒ブリにヒラマサ、カキ。輝くばかりのお寿司が次々目の前に流れてくる。新潟産であろうシャリも最高においしい。佐渡の地酒を2種類飲み比べることにした。選んだのは「真野鶴」と「北雪」。真野鶴はさっぱり。北雪は香り高い。日本酒とお寿司、なんという幸せな組み合わせだろう。

　だいぶいい気分になった私たちは、1日目最後のバスで佐渡汽船まで。金曜夜の両津港行き最終便は、かなり混雑している。フェリー「おけさ丸」に乗り込むと、乗客たちはみな慣れた様子で手早く場所をとる。私たちもカーペットの2等船室に自分たちの居場所を確保した。船には食堂やゲームセンターまでが完備されている。慣れない私は好奇心に任せて船内を探検した。デッキから川向こうの新潟税関のライトアップを眺めていると、ドラの音の録音が響き渡った。出航である。青函連絡船を連想してワクワクだ。

　カーペットの上に、荷物を枕にして横になる。海は静かだったが、船特有の揺れに身を任せていると、身体が浮いているような不思議な感覚になってくる。煌々と灯る蛍光灯に照らし出された2等船室の風景が印象的な、2時間半の船旅だった。

▲「佐渡回転寿司弁慶」を訪ね、目の前に流れてくる佐渡の魚に次々に手を出した

▼1日目最後のバスで佐渡汽船へ。19時30分発の「おけさ丸」に乗り22時に両津に到着

▼1902年に建てられたという「金沢屋旅館」。
佐渡汽船の最終便で到着しても宿泊できる

▼旅館の庭は加茂湖のほとり。対岸の金北山
の頂上付近はうっすらと雪化粧していた

元遊郭の宿で島の人の温かさに触れる

　生まれて初めて降り立つ佐渡である。私があたりを見回しているうち、汽船を降りた人たちはみな足早に夜の闇の中に消えていった。船客の多くが、週末は地元に戻るという人だったのだろう。私たちは港から10分ほど歩き、「金沢屋旅館」に到着。電球に照らし出された筆文字の看板が味わい深い。帳場から女将さんが出てきて宿の説明をしてくれた。「この建物は明治35年にできたもの。古い品をたくさん廊下にも飾っているから、どうぞ見ていってください」というので仰天だ。案内された部屋には年代物と思われる金色の襖絵と、漆塗りの欄間がある。失礼ながら、佐渡ヶ島に「僻地」というイメージを持っていた私だが、これはすぐに覆された。

　翌朝、早めに部屋を出ると、ご主人が「湖を案内します」と声をかけてくださる。つっかけを履いて宿の庭に出ると、そこは澄んだ水を湛える加茂湖の湖畔だった。「うちの鳩」とご主人が呼ぶのはカモメたち。餌づけをしながら、ご主人に宿の歴史を聞いた。「金沢屋旅館」は戦後まで「金沢楼」という遊郭で、両隣にも遊郭が12軒ほど軒を連ねていたという。部屋や廊下の豪奢な感じは、元遊郭だからか、と腑に落ちた。「一番高い山は金北山。もう雪が降って通行止めになってます。加茂湖は昔は淡水湖だったけど、海からの船を通すようにしたから今は汽水湖かな。カキの養殖が盛んで、あそこに見えるのは養殖のイカダね。外国のお客さんはまだそんなに多くないですよ。ぜひ佐渡の魅力を発見してもらいたいものです」と、親切で人の好いご主人の言葉が心に残った。

佐渡歴史伝説館

南線 若宮通り 8：42
佐渡歴史伝説館 9：31

伝統文化の盛んな佐渡の歴史に驚嘆

宿の前で近所のおばあさんに話しか
けられた。「佐渡はいいとこだよ。私
は山のほうで生まれて、港にお嫁に来
たんだよ」——会話の中にかすかに上
方訛りを感じる。佐渡は北前船の航路
として京文化の影響を受けているとい
うから、気のせいではないかもしれな
い。若宮通りから乗ったバスは、朝一
番に両津に到着した汽船に接続してい
て、すでに12～３人のお客が乗ってい
た。新潟交通佐渡のバスではPASMO
は使えないので、加藤さんが昨日、佐
渡汽船新潟港の窓口で購入した「佐渡
１dayフリーパス」（1,500円）を手渡
してくれた。島内のバス運賃と比較す
ると激安のこのフリーパスで、今日は
佐渡を存分に満喫しよう。

▲汽船乗り継ぎ客が席を埋める南線に乗車。
前日に飲んだ「真野鶴」の蔵元の前を通過

▼約50分で佐渡歴史伝説館へ。ここには冬季
を除く土日祝日に南線・小木線が発着する

車窓はしばらく加茂湖の湖畔であ
る。昨日と打って変わって青空の下、
山の頂には雪、山裾は紅葉という素晴
らしい眺めだ。夕べは暗くてわからな
かったが、佐渡は想像よりも広く、町
も田畑も自然も揃っていることに驚い
た。田んぼが続く風景の中をしばらく
行くと集落が現れ、また田んぼになっ
てしばらくすると集落が出てくる。昔
ながらの食料品店や薬屋に時計屋、理
髪店など、集落の商店街は趣深い。佐
渡の歴史と伝説を知ろうと訪れた「佐
渡歴史伝説館」の屋根には、野生のト
キがとまっていた。ピンクがかった羽
はまさに朱鷺色で、思いがけない歓迎
に胸が高鳴る。

「佐渡歴史伝説館」は入場料800円の

▲館内では佐渡の歴史と伝説をロボットで紹介。日蓮上人の鎌倉竜の口の奇跡も再現

▲老夫婦と並ぶ右端の男性は本物の人間で、佐渡のさまざまな「音」を解説してくれた

▼佐渡歴史伝説館から小木線に乗り、西側から東側の海岸に戻った終点の小木で降りる

ところ、フリーきっぷを提示すると600円で入館できる。流刑地として800年前から流人を受け入れてきた佐渡ヶ島。その歴史を、ロボットが解説する斬新な展示があり、13世紀の順徳天皇から時代を追って、日蓮上人、そして世阿弥（ぜあみ）の人生を物語仕立てで紹介している。その中で、ロボットに交じって本物の人間が登場したのには驚いた。芸達者なスタッフ・松田さんのエンターテインメント性に感激である。

　松田さんはロボットになりきるのを途中でやめて、おもむろに舞台を降り、佐渡にある「音」を集めたという展示の説明をしてくれた。佐渡金山の奥に流れ続ける水の音や、“百足杉”（むかですぎ）と呼ばれる神木の育つ山林の音。なかでも佐渡に伝わる伝統芸能「鬼太鼓」の音が興味深い。「鬼太鼓」は佐渡地域独特のお祭りで、五穀豊穣や厄払いを目的に行われる。集落ごとに異なるリズムの音楽と舞が伝わり、今もそれを受け継いでいるというから生半可なものではない。そう言う松田さんも現役の鬼だそうで、少し見せてくれた舞の仕草はさすが堂に入っていた。少子高齢化が進む佐渡では、集落独自の鬼太鼓が続けられない地域もあるという。松田さんのような地元愛が、伝統を消さずに守っていく力になるのだと思うと心強かった。

小木港

小木線	佐渡歴史伝説館10：42 小木11：33

海の町でたらい舟とお刺身を楽しむ
　小木へ向かうバスは、私たちのほかにおばあさんが1人だけ。右手に真っ

青な海を見ながら走る。いつの間にか私たちは佐渡ヶ島のくびれた部分を横断し、島の西側の海に出ていた。海と空の境目がくっきりしている。冬だなあ。やがて海からそれると、今度はまた東側の海をめざしてバスはずんずん走った。進行方向左手に現れた東側の海は、光のせいか心持ち青黒く、西側の海と色味が違うような気がする。

小木はたらい舟で有名である。もとは岩礁の多い海岸で漁をするときにたらいを舟代わりにしたところ、小回りが利いて使いやすかったために定着したもので、今でも実際にたらい舟で漁が行われているという。小木港では観光用のたらい舟体験ができるというので、乗船してみることにした。

こちらもバスのフリーきっぷ提示で50円の割引があり、450円で乗船することができる。緋の着物を着た女性船頭さんが操るたらい舟は、実際のものより大きめにできているというが、それでも木の葉のように波に揺られて、スリル満点である。船頭さんは会話に花を咲かせながら櫂を巧みに操って、港の中を一周してくれた。

「仕事を始めたら1カ月は研修です。漕ぐのに慣れないと、その場で回ってしまうばかりで、進まないですから」
——船頭さんには、意外にも子育て中のお母さんが多いそうで、互いに休みをフォローし合えるいい職場だと聞き、微笑ましかった。

舟を降りて向かったのは、魚屋「魚晴」の食堂である。ここで昼ご飯だ。お刺身定食（1,600円）と地酒「金鶴（きんつる）」の熱燗を注文する。日替わりのお刺身はアイナメ、ブリ、甘エビ、ヒラメ、エンガワの5種類が並んだ。魚屋さん直営の新鮮なお刺身に舌鼓である。

▲小木マリンターミナルでたらい舟に乗船。木の葉のように揺られながら港を一周する

▼鮮魚店「魚晴」が営む食堂で昼食。新鮮な刺身の定食と地酒「金鶴」の熱燗を味わう

▼小木14時01分発の宿根木線に乗車。小木の古い家並みを抜けて島の南端へと向かう

宿根木

宿根木線 | 小木14：01
宿根木14：12

北前船で栄えた名残を残す板壁の町

　小木からのバスは「サイクルキャリア付バス」との表記があり、後部座席が跳ね上げ式になっていた。サイクリングを楽しむ人が多く、自転車を載せることができるようにしたという。

　10分ほど走り、島の南端に到着。小さな湾に面した町は、石畳の小道の両脇に、木造の家が建ち並ぶ。ここが宿根木（ねぎ）集落であった。町を散策するにあたり、街並み案内所の柴田さんが「家では普通に町の人が生活していますから、配慮をお願いします」という。確かに、狭い道を大声で観光客が行き交ったら、生活に支障をきたすだろう。

　それでも、時代が止まったかのような美しい板壁の町並みを見ようと、いくつかの集団が散策に訪れていた。吉永小百合さんのポスターで有名になった「三角家」は、家主から寄贈を受けて内部を公開している。路地の形に合わせ、三角形に建てられた特徴的な家だ。小さなスペースを生かす工夫が至るところにある。「宿根木は北前船の船主が10軒もあり、大阪とつながる廻船業で栄えました。当時は佐渡の富の3分の1が宿根木に集まったとも言われています」と聞けば、隔世の感を禁じ得ない。海からのアクセスが抜群な宿根木に、最盛期は500人が暮らしたというが、今は180人ほどが暮らす小さな集落だ。住まいが押し寄せて小さくなったという砂浜に出ると、昔も今も変わらない冬の夕日が美しかった。

〔2019年11月22〜23日取材〕

▲宿根木線の車両は座席の間に自転車のタイヤを挟むサイクルキャリアがついていた
▼時代が止まったかのような宿根木を散策。ポスターで有名になった「三角家」も見学

BUSJAPAN HANDBOOK SERIES

No	タイトル（収録事業者）	発行年
S85	九州産交バス（グループ2社）	2014年発行
S86	京王バス・西東京バス（グループ4社）	2014年発行
S87	都営バス	2015年発行
S88	京都バス・京福バス（グループ3社）	2015年発行
S89	東武バス・東野バス（グループ6社）	2015年発行
S90	越後交通（グループ2社）	2015年発行
S91	朝日バス（グループ8社）	2016年発行
S92	奈良交通（グループ1社）	2016年発行
S93	福島交通	2016年発行
S94	箱根登山バス・東海バス（グループ6社）	2016年発行
S95	広電バス（グループ1社）	2017年発行
S96	関鉄バス（グループ3社）	2017年発行
S97	名鉄バス（グループ2社）	2017年発行
S98	小田急バス・立川バス（グループ2社）	2018年発行
S99	小湊バス・九十九里バス	2018年発行
S100	北海道中央バス（グループ3社）	2018年発行
V101	京阪バス（グループ2社）	2019年発行
V102	京成バス（グループ6社）	2019年発行
V103	新潟交通（グループ2社）	2020年発行
V103	阪急バス（グループ2社）	次回刊予定

定価1,100円（本体1,000円＋消費税）
送料 180円（1～3冊） 360円（4～6冊）

【ご購読方法】
ご希望の書籍のナンバー・タイトルを明記のうえ、郵便振替で代金および送料
を下記口座へお振り込みください。折り返し発送させていただきます。
　郵便振替口座番号：00110-6-129280　加入者名：BJエディターズ
※お申し込みの際には、必ず在庫をご確認ください。
※在庫および近刊、取扱書店等の情報は、ホームページでもご覧いただけます。

BJハンドブックシリーズ　V103
新潟交通
ISBN978-4-434-26903-5

2020年1月20日発行
編集・発行人　加藤佳一

発行所　BJエディターズ　☎048-977-0577
　〒343-0003 埼玉県越谷市船渡360-4
　URL　http://www.bus-japan.com
発売所　株式会社星雲社　☎03-3868-3275
　（共同出版社・流通責任出版社）
　〒112-0005 東京都文京区水道1-3-30
印刷所　有限会社オール印刷工業

終点の構図

雷
IKAZUCHI

羽越本線の府屋駅を出たバスは、小俣川に沿った細い県道をさかのぼる。「あの山は日本国と言うんです」と齋藤正伸運転士。珍名ゆえに登山者を集めているという、山の向こうはもう山形県。ここは新潟県最北の地である。

「冬はバスより高く雪が積もるんですよ」という解説を裏づけるように、集落の民家の多くが土縁づくりだった。

およそ30分で終点の雷に到着。山あいにあり、カミナリの音がとくに大きいことから名づけられたという雷は、「羽越しな布」の生産地である。日本最古の織物と言われる「しな布」は、シナノキやオオバボダイジュなどの皮の繊維を糸にして織られるもの。昔は全国各地で生産されていたが、戦後、化学繊維が大量生産されるようになると、次第に姿を消していったそうだ。

「自分が子どものころは、どこの家にも織り機がありました」と語るのは、雷で育ち、市役所に勤務する木村勝範さん。雪に覆われる山里の暮らしは厳しく、近年まで女性の貴重な現金収入だったという。丈夫で水に強く、使うほどにしなやかな風合いが増していく「羽越しな布」。その技法は雷と山熊田、山形県側の関川の3集落だけに、いまも受け継がれているそうである。

〔2019年11月12日取材〕

text & photo ■ 加藤佳一

新潟交通グループの路線エリア

【高速バス】

万代シテイＢＣ〜仙台駅東口

万代シテイＢＣ〜山形駅前

万代シテイＢＣ〜郡山駅前

新潟空港・万代シテイＢＣ〜若松駅前

万代シテイＢＣ〜池袋駅東口・バスタ新宿

万代シテイＢＣ〜長野（権堂）

万代シテイＢＣ〜名古屋（名鉄ＢＣ）

万代シテイＢＣ〜富山駅前

万代シテイＢＣ〜金沢駅東口

万代シテイＢＣ〜大阪（阪急三番街）

新潟駅前〜高田駅前

新潟駅前〜長岡駅前

新潟駅前〜燕駅前　※

新潟駅前〜東三条駅前　※

新潟駅前〜巻潟東インター駐車場　※

※印は新潟交通観光バスの運行

【凡 例】
- ■ 本社・営業所
  - ㊞ 新潟交通
  - ㊞ 新潟交通観光バス
  - ㊞ 新潟交通佐渡
- ○ 起終点・駅
- ── 新潟交通
  新潟交通観光バス
  新潟交通佐渡 路線
  （コミュニティバス
  高速バスを除く）
- ── JR線

㊞勝木営業所■
㊞村上営業所
■下関営業所㊞
■㊞新潟北部営業所
本社
■㊞新発田営業所■
㊞京ヶ瀬営業所
㊞津川営業所■

【本社・営業所所在地】

新潟交通本社	新潟市中央区万代 1 − 6 − 1
新潟東部営業所	新潟市東区榎字三百割151− 9
新潟西部営業所	新潟市西区寺地123− 3
新潟南部営業所	新潟市江南区亀田工業団地 2 − 1 − 7
新潟北部営業所	新潟市北区島見町字山興野3567− 4
内野営業所	新潟市西区中権寺道下447
入船営業所	新潟市中央区入船町 4 −3776
新潟交通観光バス本社	新潟市東区寺山 3 − 7 − 1
本社営業所	新潟市東区寺山 3 − 7 − 1
京ヶ瀬営業所	阿賀野市京ヶ瀬工業団地1045− 6
津川営業所	東蒲原郡阿賀町平堀896− 1
潟東営業所	新潟市西蒲区大原338
村上営業所	村上市田端町 6 −37
新発田営業所	新発田市豊町 1 − 3 −14
下関営業所	岩船郡関川村大字下関41− 7
勝木営業所	村上市下大蔵130 − 3
新潟交通佐渡本社	佐渡市河原田諏訪町80
本社営業所	佐渡市河原田諏訪町80
両津営業所	佐渡市両津湊343 − 1
羽茂営業所	佐渡市羽茂本郷20

定価： 本体1,000円 ＋税

発行●BJエディターズ

発売●星雲社

協力●新潟交通
　　　新潟交通観光バス
　　　新潟交通佐渡

9784434269035

1920326010004

ISBN978-4-434-26903-5
C0326　￥1000E

宮城交通

BUSJAPAN HANDBOOK SERIES

BJ EDITORS

(2023)

宮城交通

CONTENTS

■制作協力

宮城交通／ミヤコーバス

■制作スタッフ

WRITER：鈴木文彦　WRITER：谷口礼子

EDITOR：小川　章　EDITOR：加藤佳一

■表紙写真

宮城交通泉営業所のノンステップバス（いすゞ 2KG-LV290N3）